그 누구와도
대화를 이어갈 수 있는
언어의 품격

세 수

민영욱

세수를 하면
얼굴이 맑아진다

너를 보면
마음이 맑아진다

그 누구와도
대화를 이어갈 수 있는
언어의 품격

민영욱 · 강정희 · 한강종 지음

가림출판사

미안합니다
고맙습니다
사랑합니다

언어는 세상을 비추는 거울이며 말하는 사람의 사상의 옷이다.

진정 아름다운 세상은 언어가 가시처럼 돋지 않고 꽃결처럼 부드럽고 향기로운 사회일 것이다.

오늘을 살아가는 우리는 배가 고프기보다 마음이 더 허기질 때가 많다. 진정으로 나를 아끼고 위로해주는 격려의 말과 사랑의 말이 부족하기 때문이다.

많은 사람들이 가정과 학교에서, 그리고 직장과 사회에서 대화와 무대 스피치의 어려움을 겪곤 한다.

말이 어려운 것은 언어가 가지고 있는 추상성과 상대가 되는 청중의 다양성 때문이다. 또한 세련되고 능숙한 말하기에는 경험, 지식, 기술이라는 3박자가 필요하다.

말하는 사람의 유형을 분석해보면 첫째, 지식과 논리를 바탕으로 머리로 말하는 사람, 둘째, 공감과 배려를 바탕으로 가슴으로 말하는 사람, 셋째, 본능과 직관을 바탕으로 말하는 사람이 있다.

본 책에서는 이러한 다양한 말하기와 대화, 설득을 잘할 수 있는 원칙과 기술들을 학자들의 이론을 곁들여 정리해 놓았다.

'자세히 보아야 예쁘다. 오래 보아야 사랑스럽다'는 나태주 시인의 말처럼 좋은 대화는 상대에 대한 관심과 아름다운 마음에서 출발한다. 또한 적절한 상황인식과 순발력을 필요로 하기도 한다.

바야흐로 말이 넘쳐나는 사회에서 조용하되 힘이 있고 열정적이되 시끄럽지 않고, 논리적이되 딱딱하지 않으며, 유쾌하되 경박하지 않은 언어의 기술, 싸우지 않고 이기는 대화의 예술을 익혀 가정과 직장, 그리고 사회에서 엣지있게 승리하길 바란다.

거울은 먼저 웃지 않는다. 내가 웃어야 웃듯이 '미안합니다, 고맙습니다, 사랑합니다'도 내가 먼저 실행에 옮겨 보자. 그러면 보석같이 빛나는 가슴의 언어를 얻게 될 것이다.

– 따사로운 삼월 종로 연구실에서

PART 1

분노를 부르는 말
vs 호감을 부르는 말

지적보다는 조언을 하라

사람은 누구나 자신의 실수보다 남의 실수가 더 커보인다. 만약 누군가가 잘못을 저질렀다면, 대부분은 '실수'일 가능성이 많다. 중요한 뭔가를 미처 알지 못했다든가 맞다고 믿었던 정보가 틀렸다든가, 나름대로 잘하려던 것이 어긋났을지도 모른다. 그렇게 실수를 한 사람은 대부분 의기소침해지거나 자괴감에 시달리게 된다. 제3자에게 자신의 실수가 탄로나거나 그로 인해 누군가에게 손해를 끼친 경우라면 더욱 그럴 것이다.

그런데 우리는 그런 이들에게 또 한 번 '확인사살'을 한다. 지적하고, 비판하고, 심할 경우에는 화까지 내가며 그들을 더욱더 작아지게 한다. 그가 실제로 잘못을 저질렀는지 여부나 잘못의 크기와는 무관하게 이러한 태도는 그 어떤 경우에도 긍정적인 결과를 낳지 못한다.

지적받고 비판받은 사람은 더욱더 의기소침해져 또 다른 실수를 하게 되고, 지적한 사람과의 관계 역시 껄끄러워지기 십상이다. 물론 잘못을 지적한 사람이 선생님이나 직장 상사라면 직접적으로 내색하지는 못하겠지만, 마음의 문이 굳게 닫히게 된다. ≪정의란 무엇인가?≫로 유명한 하버드대 마이클 샌델 교수는 절대로 아이들에게 '틀렸다'고 말하지 말라고 했다. 아이의 마음속에 상처로 남기 때문이다.

지금 이 글을 읽으면서 뜨끔하는 이도 있겠지만 아마도 대부분 '나는 그렇지 않다'고 생각할 것이다. 물론 우리는 대부분 좋은 사람이다. 그러므로 주변인들에게 비판이나 공격보다는 충고나 조언을 하려고 노력한다. '내가 잔소리를 하려는 게 아니라' '너한테 뭐라고 하는 건 아닌데' 혹은 '널 위해 하는 말이야'라는 등의 말은 스스로도 많이 하고 주위에서도 많이 듣는 이야기들이 아닌가.

하지만 냉정하게 생각해보자. 정말 '널 위해 하는 말'이라면, '잔소리를 하려는 게 아니라'면, 구태여 그런 말을 덧붙일 필요가 있었을까? 내가 그들에게 했던 것이 정말 그들을 위한 말이었을까? 진정으로 그들이 따뜻하고 고맙게 받아들일 수 있는 조언이었을까? 반대로 나 역시 누군가에게 그렇게 '고마운' 조언을 받았다고 느낀 적이 있었던가? 좋은 조언은 공감대를 이루고 애정어린 마음이 있어야 한다. 아인슈타인의 어머니는 학교에서 돌아와 풀이 죽어있는 아들에게 "사람이 모든 걸 다 잘할 필요는 없단다. 너는 수학과 우주에 관심이 많으니 그 분야를 잘하면 된단다"라고 하였다. 어머니의 조언은 소심한 아인슈타인에게 커다란 기둥 역할을 해주었다.

🌸 지난 잘못은 돌이킬 수 없는가?

지적과 조언은 그야말로 종이 한 장 차이라고 할 수 있다. 많은 이들이 경험했을 상황을 하나 가정해 보자. 당신이 직장에서 맡은 일을 열심히 하고 있었는데, 그날따라 과도한 업무량에 치여 상사에게 메일로 보고하는 것을 깜박했다고 하자. 당신은 그날 저녁약속도 취소하고 종일 식사도 제대로 하지 못할 정도로 바쁘게 일했다. 그래서 그날 끝내야 할 모든 일을 완벽하게 마무리 했다. 말로 표현할 수 없이 피곤한 반면 다소간의 뿌듯한 마음으로 퇴근하려고 준비하고 있는 당신에게 상사가 다가온다.

"○○씨, 내가 낮에 넘긴 일은 다 됐어요?"

다 했다고 대답하는 순간 당신은 그것을 상사에게 보고하지 않았다는 것을 떠올리고 '아차' 한다. 그때 상사는 바로 당신에게 이렇게 말한다.

"그럼 먼저 나한테 메일을 보냈어야지."

당신은 물론 죄송하다고 말할 것이며, 그 자리에서 바로 상사에게 메일을 보낼 것이다. 당신의 실수이고, 상사는 응당 메일을 받았어야 하므로 그것에 대해 지적할 수 있다. 그러나 상사의 말이 결코 당신에게 좋게 들리지만은 않을 것이다. 당신이 그 순간 많이 피곤하다면, 그 업무에 대한 자부심이나 부담감이 컸다면, 혹은 이미 상사에 대한 불만을 가지고 있었다면 아마도 당신은 다음과 같이 말하고 싶은 마음을 꾹 참아야 할지도 모른다.

"제가 할 일을 안 한 것도 아닌데, 메일은 지금 보내면 될 거 아닙니까?"

여기에서 중요한 것은 과거의 실수는 돌이킬 수 없다는 점이다. 지난 잘못에 대해 '이러이러한 것이 잘못이었다'라는 사실을 이야기하는 것은 잘못을 저지른 이가 누구이든 간에 그의 기분을 상하게 할 뿐이다. 심지어 부모와 자녀 간에도 마찬가지이다. 기대보다 낮은 성적을 받은 아이에게 부모가 다음과 같이 말한다고 가정해 보자.

"문제를 좀 더 꼼꼼히 읽었어야지."

"좀 더 공부를 열심히 했어야지."

"또 같은 문제에서 실수를 했잖니?"

그러면 아이는 방문을 쾅 닫고 들어가며 이렇게 외칠지도 모른다.

"저도 그러려고 한 건 아니라고요!"

그렇다. 지적보다는 앞으로는 이렇게 해달라고 요청하고 열심히 격려해 주자. 지적이 시누이라면 격려는 어머니의 품과 같기 때문이다.

🌸 진정한 조언은 미래 지향적으로 하라

우리는 잘못이나 실수를 통해 삶의 교훈이나 깨달음을 얻을 수 있으며, 이후에는 다시 그런 일을 반복하지 않도록 노력하게 된다. 그렇다면 그 잘못이나 실수는 어떤 일보다 값진 경험이 될 것이다. IDEO 창업자인 데이빗 켈리는 "빨리 실패하라, 그러면 더 빨리 성공할 것이다"라고 실패가 성공의 어머니라는 것을 역설했으며, 해리포터 작가인 조앤 K. 롤링은 "실패없이는 진정한 자신도, 진짜 친구도 알 수 없다"는 말로 세계 최고의 대학인 하버드 졸업생들에게 실패의 값진 경험에 대해 조언하였다. "경험을 현명하게 사용한다면, 어떤 일도 시간 낭비는 아니다"라는 로댕의 말처럼, 우리는 얼마든지 지난 과오를 현명하게 활용할 수 있다.

이처럼 우리가 충고나 조언을 하는 이유는 '이 다음'을 위한, 즉 발전을 위한 것이어야 한다. 그러므로 우리의 조언은 상대로 하여금 이후에 다른 노력을 할 수 있는 의욕을 불러일으킬 때에 효과가 있다. 그렇다면 상대로 하여금 의욕을 불러일으키는, 상대가 고맙게 받아들일 수 있는 조언은 어떻게 해야 할까?

가장 중요한 것 중 하나는 잘못 그 자체에 초점을 맞추어 이야기하지 않는 것이다. "왜 나한테 메일을 먼저 보내지 않았지?" 라든가 "네가 저장을 안 해서 내 파일이 다 날아갔잖아" 라는 식으로 이미 돌이킬 수 없는 과거의 잘못에 대해 이야기하는 것은 상대방을 위축시킬 뿐 결과적으로 문제의 해결이나 앞으로의 개선에 아무런 도움이 되지 않는다. 아마 마음의 문을 굳게 닫은 채 억지로 하는 사과를 받을 수 있을 뿐이다. 그보다는 그 잘못으로 인해 얻은 교훈, 앞으로 나아갈 방향을 중심으로 이야기를 해보자.

"다음부터는 나에게 메일 보내는 걸 잊지 않았으면 좋겠어요" 덧붙여 "이렇게 많은 일을 하루에 다 해내다니 정말 대단하군요. 수고 많았어요. 다음부터는 나에게 메일 보내는 것 잊지 말아요" 라고 한다면 금상첨화일 것이다. 즉 중요한 것은 지금 상태도 좋다고 인정하는 것이다. 상대가 노력한 부분, 잘 해낸 부분을 인정하지 않고 잘못만 지적한다면, 그 누구라도 의욕이 꺾이지 않겠는가. 자칫하면 본래 잘하던 일에까지 부정적인 영향을 미칠 수 있다.

또 한 가지 중요한 것은 상대의 실수나 잘못에 대해 체념하거나 단정 짓는 표현을 하지 않는 것이다. 모든 경우에 있어 '어쩔 수 없다'는 말만큼 사람의 의욕을 꺾기에 효과적인 표현은 없다. 같은 맥락에서, 그의 잘못이 항상 반복되어온 성향이나 성격인 것처럼 말하는 것 또한 대단히 좋지 않다.

예를 들어 "넌 항상 말을 너무 신경질적으로 해. 네 성격이 그런 건 어쩔 수 없겠지만, 상대방은 기분이 상할 수 있으니까 좀 조심해줬으면 좋겠어"라는 말을 듣는다면 어떻겠는가. 본인 스스로가 평소 말을 다소 신경질적으로 한다든가 성격이 예민하다는 것을 인지하고 있든 그렇지 않든 간에, 이런 단정적인 표현은 상대에게 반감을 주는 동시에 사기를 저하시킨다. '내 성격이 그런데, 나보고 어쩌란 말이야. 성격이란 쉽게 고칠 수 없는 것이 아닌가? 게다가 이 사람은 이미 이렇게 단정 짓고 있는데 내가 노력한다고 알아주기나 할까?' 그런 생각을 하다보면 아마 없던 신경질도 내게 될 것이다. 그보다는 "네가 한 말은 항상 정확하고 예리해서 도움이 많이 돼. 다만 조금만 상냥하게 말해주면 더 좋을 것 같은데" 라고 하면 어떨까.

즉 진정한 '조언'을 하고자 한다면 상대가 가진 현재의 좋은 점을 먼저 인정하고, 미래지향적인 개선과 발전의 관점에서 이야기하는 것이 좋다. 절대 상대방의 잘못에 초점을 두지 말고, 단정 짓거나 체념하는 표현을 쓰지 않는 것도 중요하다. 또한 앞으로의 개선 방향에 대해서 역시 일방적으로 제시하는 것보다는 넌지시 질문해보고 함께 고민하는 태도를 보이는 것이 효과적이다.

보지도 듣지도 말하지도 못했던 헬렌켈러를 박사로 만든 것은 설리반 선생님의 따뜻한 조언이었다.

"너는 매우 특별한 아이란다. 마음의 눈으로 나무를 볼 수 있는……."

또한 저술가와 구호활동가로 유명한 한비야 씨에게는 사랑의 조언가 아버지가 계셨다. "비아야 해보기나 하렴"하고 항상 말씀하셨다고 한다.

좋은 조언은 이처럼 큰 사람을 만든다.

명령보다는 부탁을 하라

상대에 대한 지적과 비판이 둘 사이의 관계는 물론 일의 능률면에서도 부정적인 영향을 미친다는 것을 알았을 것이다. 그 원리는 매우 간단하다. 이 세상에 지적받기를 좋아하는 사람은 없다. 모든 사람은 자신의 자존심에 상처 입기를 원하지 않는다.

마찬가지로 명령 받기를 좋아하는 사람 역시 없다. 아무리 직장 상사나 부모와 같은 윗사람이라 하더라도, 강한 어조의 명령을 듣다 보면 언짢고 반감이 생기기 마련이다. 하루 종일 "이거 복사 좀 해와" "5시까지 메일을 보내도록 해" "7시까지 정문으로 나와" 또는 "숙제해라" "공부해라" "깨끗이 씻어라" 라는 등의 말을 듣는다면 어떻겠는가. 이처럼 일방적으로 명령하는 이야기를 듣다 보면 본래 하려던 일도 하기 싫어지고 삐딱한 태도를 취하게 되는 것이 인간 본래의 습성이다. 이제 명령보다 부탁을 하라. 명령은 사람의 마음의 문을 닫게 하지만 부탁은 그 일을 잘 마무리해 주고 싶은 욕망을 자극한다.

🎯 명령이 '제안'이 되는 순간

사람들은 '해야만 한다'라는 의무감과 압박감을 좋아하지 않는다. 반드시 해야 하는 일이고 설사 스스로 필요하다고 판단하는 일이라 할지라도 누군가가 명령하거나 억지로 주어진 일이라고 생각되면 부담스럽고 불편하게 여긴다. 결국 명령받은 일은 마지못해 억지로 하게 될 가능성이 높고, 그렇게 되면 일의 능률 역시 떨어지게 된다.

 인간은 결국 자발적으로 선택하고 행동할 수 있는 자율성을 원하며, 하고 싶은 일을 할 때 가장 훌륭한 능률을 발휘한다. 물론 그것 자체가 또 다른 부담이 되기도 하겠지만. 인간은 누구나 존중받고 싶어 하고, 원하는 일을 하고 싶어 한다. 따라서 의무적으로 해야 할 행동을 부여하는 것보다는 권고하는 것이 좋다. 즉 "5시가 마감이니 이 일을 먼저 끝내야 합니다" 보다는 "마감시간이 다가오니 이 일을 먼저 하는 것이 어떨까요?"라고 하는 것이다.

이처럼 명령이 '제안'이 되는 순간 사람들은 의무감에서 벗어나 자발적으로 그 일을 하게 된다. 다음과 같이 선택의 가능성을 제시할 수 있다면 더 좋다. "이미지 자료를 좀 더 준비한다면 어르신들의 이해를 돕기에 더 효과적일 것 같은데. 아니면 기존의 시청각 자료를 활용하는 것은 어떨까?" 어떤 것이 나을지 스스로 생각하게 함으로써 명령이 아닌 제안 형태를 띠는 것이 좋은 답이 된다.

🌸 동기 부여하기

주어진 환경이나 조건에 따라 상대에게 선택의 가능성을 제시하기 어려운 경우가 있을 것이다. 정확하게 정해진 방법과 도구를 활용해 정해진 목표를 달성하는 것이 최우선 과제인 경우, 우리가 자율적으로 선택하고 결정하기란 쉽지 않다.

또한 그 때문에 어느 정도 권위를 내세운 명령이 필요한 경우도 생긴다. 권위라는 것이 그 자체만으로 부정적인 의미를 갖는 것은 아니다. 오히려 누구나 존중하고 말 없이 따를 수 있게 하는 것이 권위이므로, 때로는 그것을 활용하는 것이 효과적일 수 있다. 단, 상대방에게 권위에 대한 거부감을 유발시키지만 않는다면 말이다.

결국 어떤 경우에나 중요한 것은 상대에게 그것을 따를 수 있는 동기를 부여하는 것이다. 조금만 생각한다면 우리는 모든 경우에 대단히 자연스럽게 상대에게 동기를 줄 수 있다.

예를 들어 "3시까지 강당으로 집합하십시오" 라고 하지 않고 "3시까지 강당으로 오시면 앞으로 진행될 프로그램의 내용에 대해 설명해 드리겠습니다" 라고 한다면 어떨까. 앞으로 진행될 프로그램에 참여할 사람이라면 반드시 그 내용에 대해 알아야 할 것이고, 따라서 그들에게는 3시까지 강당에 가는 것에 대한 합당한 동기가 생기게 된다. 그리고 충분한 동기를 가진 이들은 특별한 강요나 지시가 없어도 자연스럽게 그에 따를 것이다.

이와 같이 상대로 하여금 어떤 지시나 권고를 따르는 데에 대한 거부감을 갖지 않게 하고 보다 자발적으로 그 내용을 이행하도록 하는 가장 효과적인 방법을 활용하도록 하자.

🌿 표현은 완곡하게, 전달은 정확하게 하라

무언가를 명령하기에 앞서 유사한 내용의 질문을 해보는 것도 좋은 방법이다. "내일이 발표니까 철저하게 준비하도록 해라" 보다는 "내일 있을 발표 준비는 잘 되어 가니?" 라고 넌지시 질문을 던져보는 것은 어떤가. 앞의 말은 부담을 주는 동시에 열심히 하고자 하는 의욕을 꺾는다. 그러나 뒤의 질문은 아마도 두 사람이 자연스럽게 현재의 진행상황에 대해서, 그리고 앞으로 더 필요한 것들에 대해서 함께 이야기하도록 해줄 것이다. 자연스럽게 우리가 상대에게 부탁하거나 권고하고 싶은 내용들에 대해 구체적으로 접근할 수 있게 되는 것이다.

부탁할 내용을 정확하게 전달하는 것 또한 중요하다. 특히 직장에서 명확하지 않은 지시나 부탁은 치명적인 오해와 혼란을 불러일으킬 수 있다. 예를 들어 어떤 작업에 대한 지시 가운데 "빨리 해라" 라든가 "디자인을 좀 수정하면 좋겠는데" 같은 모호한 말들은 실제로 일을 완성시키는 데에 아무런 도움이 되지 않을 뿐 아니라 일을 지체시키고 잘못된 방향으로 진행되게 할 수 있다.

"납품이 내일까지이니 오늘 저녁까지 완성해서 함께 검토해

보았으면 좋겠다" 라든가, "전체적인 모양이나 질감은 좋은데, 의뢰한 업체 쪽에서는 봄의 느낌을 표현할 수 있는 좀 더 밝은 색상을 원한다고 하네. 노란색이나 연두색을 사용해보면 어떨까? 좀 더 고민해보고 제시해주면 좋을 것 같은데" 라고 말한다면 그 말을 듣는 사람은 다음에 더 나은 – 원하는 기준에 더 부합하는 – 결과물을 가지고 올 것이다.

부탁을 한다는 것은 결국 상대방을 설득시켜 자신이 원하는 바를 들어줄 수 있도록 하는 것이므로, 상대의 마음을 움직일 수 있는 말하기가 필요하다. 따라서 부탁해야 할 상대방의 성향이나 감정 상태 등을 파악하는 것도 중요한 변수가 될 수 있다. 상대의 기분이 괜찮고 나와 친밀한 상태라면 가벼운 칭찬을 한다든가 동질감을 느낄 수 있는 대화를 통해 자연스럽게 이야기를 풀어가는 것도 방법이 될 수 있을 것이다. 그러나 상대와 상황에 따라 그것이 순수한 의미의 칭찬이 아닌 아첨으로 받아들여지지지 않도록 주의해야 한다.

따지기와 질문하기

우리는 학창시절부터 질문에 대한 권유를 많이 받아 왔다. 수업시간에 선생님께서는 "모르는 것이 있으면 질문하세요"라고 하시는데, 흔히 수업시간에 질문을 많이 하는 학생이 수업 참여도가 높고 공부를 열심히 하는 학생이라는 평가를 받았다.

그러나 실제로 그렇게 적극적으로 질문하는 학생들은 많지 않다. 학교에서 뿐만 아니라 강연회나 설명회 등에서도 마찬가지이다. 강의를 듣는 청중 대부분은 질문하라는 이야기를 매우 부담스러워한다.

주최 측이나 강사가 질문을 하라고 하면 어색한 정적이 흐르는 것이 다반사다. 그러면 강사나 사회자는 "질문 없으시면 이만 마치겠습니다"라는 멘트를 하고, 사람들은 웅성웅성 자리를 정리하고 일어나서 가는 것이 익숙한 풍경이다.

일대일의 대화 상황에서도 마찬가지이다. 우리는 대화 중에 우리가 모르는 것을 얼마나 질문하는가?

우리나라 사람들은 질문에 약하다. 여러 사람들 가운데에서 나만 질문을 하면 사람들이 싫어할 것 같고, 낯선 장소에서 낯선 누군가에게 질문을 하는 것은 부끄럽고, 직장 상사나 선배, 동료 등에게 질문을 하면 귀찮아하거나 나를 바보로 여길 것 같아서 쉽게 입을 떼지 못하는 경우가 많다.

🌿 적절한 질문은 대화를 활성화시킨다

그러나 적절한 질문은 좋은 대화와 인간관계를 위해 매우 효과적인 방법이다. 여기에서 중요한 것은 반드시 '모르는 것'만을 질문할 필요가 없다는 사실이다. 질문 역시 대화의 일부로 질문을 통해 상대의 이야기를 지지하고 더욱 활성화시킬 수 있으며, 대화를 자연스럽게 자신이 선호하는 방향으로 유도하거나 원하는 정보를 얻기 위한 이야기로 이끌어낼 수도 있다.

많은 사람들은 대화 중에 예기치 못하게 찾아오는 침묵의 시간을 두려워한다. 그러나 그러한 침묵을 피하기 위해 중구난방으로 말을 쏟아내다 보면 그 다음에는 더욱 두려운 침묵의 시간이 뒤따른다. 이때 우리는 상대가 그러한 두려움에 휩싸이지 않을 수 있도록 어떻게 도울 것인가. 즉 어떻게 상대방이 좀 더 의욕적으로, 즐겁게 이야기를 이어나갈 수 있게 하는 동시에 내가 원하는 정보를 얻을 것인가.

이때 필요한 것은 바로 효과적인 질문이다. 말하는 이는 자신이 하고자 하는 말을 결론까지 한번에 전달하기 위해서 많은 부분을 생략하거나 추상적으로 뭉뚱그려 이야기한다. 따라서 우리가 청자로서 그 이야기를 듣게 될 경우 확실하게 정보 파악이 안 되거나 헷갈리는 지점이 생길 수 있다. 그리고 중요한 정보가 다 전달되었다 하더라도 요약 정리된 내용만으로는 충분한 공감대가 형성되지 못할 수도 있다.

따라서 청자는 화자의 이야기 가운데 모호한 부분, 생략된 부분에 대한 적절한 질문을 통해 화자로부터 좀 더 풍부하고 구체적인 이야기를 끌어낼 수 있다. 이것은 실제적인 정보의 수집을 위해서뿐 아니라 보다 즐겁고 알찬 대화를 완성해나가기 위해 필요한 과정이다. 즉 화자뿐 아니라 청자가 함께 능동적으로 대화를 만들어가는 방법인 것이다.

따라서 질문은 의무이면서 권리이다.

🌺 열린 질문을 하라

효과적인 질문이란 무엇인가? 질문을 잘 한다는 것은 어떤 것을 말하는 것인가? 무엇보다 중요한 것은 질문 이전에 상대의 이야기를 충분히 경청하고 그것에 대해 공감하는 반응을 보여야 한다는 것이다. 그러한 전제가 없이 일방적인 질문을 던진다면 상대는 그것을 질문이 아닌 추궁이나 따지는 말로 느낄 수 있다.

예를 들어 직장 상사에게 심한 비난을 받아 상심한 동료와의 대화를 보자. 동료가 "과장님은 나한테 유난히 심하게 말씀하셔"라고 한다면, 나는 어떻게 대화를 이어가겠는가? 무심코 "과장님이 뭐라고 했는데 그래?" 라고 하기보다는, "그래, 과장님에게 상처받는 말을 들었나보네. 무슨 일이 있었는데?" 라고 한다면 상대방이 보다 편안하게 다음 이야기를 이어갈 수 있을 것이다.

또한 보다 활발한 대화를 이끌어가기 위해서는 상대가 자신의 이야기를 다시 한번 정확하게 되돌아보는 동시에 이야기를 확장해나갈 수 있도록 핵심에 닿아 있으면서도 열린 질문을 하는 것이 중요하다.

여기에서 '열린' 질문이란 상대방으로 하여금 이미 자신이 한 이야기에서 더 나아가 그 내면의 정황 또는 주변 상황, 앞으로의 방향성 등 보다 많은 이야기를 해나갈 수 있도록 이끌어주는 질문을 가리킨다. 즉 단순히 단답형의 정보성 대답을 얻어내기 위한 질문이 아닌 '이야기'를 이끌어낼 수 있는 질문을 하는 것이 도움이 된다.

예를 들어 조카가 이번에 새로 입학한 학교에 대해 이야기하고 있는 상황을 가정해 보자. 조카는 이번에 원하던 학교의 국어국문학과에 입학했다. 조카에게 당신이 이런 질문들을 했다고 하자. "국어국문학과는 원래 원하던 과였니?" "학교는 집에서 가깝지?" "입학식은 잘 했니?" 이런 질문에 조카는 그저 "예"라고 대답할 것이다. 대화는 더 이상 확장되지도, 둘 사이에 어떤 공감대를 형성해주지도 못한다.

그렇다면 이런 질문은 어떤가. "국어국문학과는 어떻게 선택하게 되었니?" "수업은 들어보니까 어때?" "학교에 갈 땐 어떻게 가니?" 조카는 자신이 입학한 학교와 학과에 대해 어떤 생각을 가지고 있었으며 입학한 다음의 느낌은 어떠한지 등을 자연스럽게 정리해가며 당신에게 더 많은 이야기를 들려줄 것이다.

이렇게 상대의 이야기를 끊임없이 확장시키는 한편 이야기가 더욱 구체화될 수 있도록 점점 더 핵심에 깊이 다가가는 질문, 구체적인 정보나 상대의 생각을 들을 수 있는 질문을 하는 것이 중요하다.

대화는 곧 학문이요 학문은 학문學問인 것이다.

🌸 '왜'보다는 '어떻게'

'왜'로 시작하는 질문은 자칫하면 상대를 비난하는 것으로 들릴 수 있으므로 주의해야 한다. 가능하다면 '왜……'라는 질문보다는 '어떻게 해서……'라는 표현을 쓰는 것이 좋다. "왜 이 일을 하세요?"라든가 "왜 이곳에 오셨어요?" 보다는 "어떻게 이 일을 하게 되었나요?" "어떻게 해서 이곳에 오게 되었죠?"라고 묻는 것이 더 편안하고 듣기 좋지 않은가. 또한 "당신이 어떻게 해서 이곳에 오게 된 것인지 궁금해요" 라는 식으로 '~한 이유를 알고 싶다'라든가 '~이 궁금하다'는 등의 간접적인 표현을 쓰는 것도 좋은 방법 중 하나이다.

이처럼 우리는 많은 경우 상대의 이야기에 공감과 관심을 표함으로써 상대가 더욱 적극적으로 이야기할 수 있도록 돕고, 그 이야기를 구체화시키고 확장시킴으로써 더욱 생산적이고 효과적인 대화를 할 수 있다. 뿐만 아니라 그런 대화를 통해 보다 친밀하고 신뢰할 수 있는 인간관계를 완성시킬 수 있게 된다.

따라서 질문을 잘 활용하는 것이 좋은 대화법의 핵심 가운데 하나이다. 다만 지나치게 자주, 필요하지도 않은 질문을 많이 하는 것은 오히려 대화의 맥을 끊거나 상대에게 심문 당하는 느낌을 줄 수 있으므로 유의하자.

모든 일은 생각하기 나름이라든가 긍정적인 눈으로 세상을 보라든가 하는 등의 긍정적인 사고와 시각을 강조하는 이야기들은 지겨울 정도로 많이 들어왔을 것이다. 하지만 진짜 '긍정적'인 시각이란 어떤 것이고 그것을 만들기 위해서는 어떻게 해야 하는 것인지, 우리는 정말 알고 있는 것일까? 혹은 실천하고 있는 것일까?

🌸 우리가 모르고 사용하는 부정적 · 극단적 표현

우리가 세상을 보는 눈은 상당 부분 말하는 방식을 통해 결정된다. 쉽게 표현하면 긍정적인 표현을 쓰는 사람이 긍정적인 생각을 하게 된다는 것이다. 막연히 긍정적인 생각을 하라고 하는 것보다 좀 더 단순하고 명료하게 느껴지지 않는가.

일상 속에서 우리는 부정적이고 극단적인 표현들을 생각보다 많이 접하고, 습관적으로 사용하고 있다. 그리고 웬만해서는 그것이 부정적이거나 극단적인 표현이라는 사실을 인지하지 못한다. 특히 어떤 단어나 표현은 그 자체만으로는 중립적인 의미를 갖지만, 대화 상황과 맥락에 따라 부정적인 기능을 하게 되기도 한다.

대표적인 예로 '문제'라는 단어를 생각해 보자. 문제라는 말은 본래 해답을 필요로 하는 물음 또는 논쟁, 논의, 연구 따위의 대상이 되는 것을 가리키는 중립적인 단어이다. 그러나 일상 속에서 우리가 사용하는 문제라는 말 속에는 대부분 부정적인 의미가 내포되어 있다. 즉 우리는 보통 곤란함, 말썽, 골칫거리 등을 가리킬 때 문제라는 말을 사용한다.

따라서 '문제'라는 말은 상대방에게 무언가 잘못되었다는 느낌을 주게 된다. 회의가 끝날 무렵 질문하려는 당신에게 진행자인 팀장이 "무슨 문제라도 있나요?"라고 묻는다면 어떨까. 당신은 무심결에 꼭 뭔가 문제가 있을 경우에만 질문해야 한다는 느낌을 받을지도 모른다. 경영자가 직원들의 업무 상황에 대해 관심을 가지고 둘러보는 상황을 가정해 보자. "뭐 특별한 문제는 없죠?"라고 묻는 것보다는 "잘 돼 가죠?" "납기일까지 잘 끝낼 수 있겠죠?"라고 묻는 것이 좋을 것이다.

또 그 자체로는 반드시 부정적이라고 할 수는 없으나 많은 경우 대화를 부정적인 방향으로 이끌 수 있는 표현이 있다. '하지만'이라는 표현이다.

만약 직장 상사가 부하 직원에게 "오늘 자네의 프레젠테이션은 무척 훌륭했네. 하지만······" 이라고 말의 서두를 시작한다고 가정해 보자. 그 다음에 이어질 말이 무엇인지는 몰라도 직원은 이미 상사가 자신에게 부정적인 이야기를 할 것이라고 예상하고 위축되어 버릴 것이 분명하다.

혹은 당신이 어려운 부탁을 한 상황에서 친구가 "물론 나도 네 부탁을 들어주고 싶어. 하지만······"이라고 말을 이어간다면 어떻겠는가? 물론 똑같은 거절이라 하더라도 이왕이면 상대방으로 하여금 나쁜 소식을 듣는다는 느낌을 덜 주는 것이 좋지 않겠는가? '하지만'이라는 표현은 단순히 문장을 매끄럽게 연결하는 접속어가 아닌, 많은 대화 상황에서 부정적인 감정과 분위기를 유발하는 역할을 할 수 있는 표현이라는 점을 명심하자.

🌸 하지 말아야 할 것 대신 해내고자 하는 바를 마음에 그린다

부정적인 표현은 한 번 우리의 입 밖으로 나가는 순간, 우리의 귀로 들어오는 순간, 무서운 힘을 발휘한다. 만약 당신이 "전 게으른 사람이 아니에요" "난 거짓말쟁이가 아니야" 라고 말한다면, 그 순간 당신에 대해서는 게으르고, 거짓말을 잘하는 등의 부정적인 이미지가 생겨날 것이다. 그보다는 "전 부지런한 사람입니다" "난 솔직한 사람이야"라고 말하는 것이 훨씬 도움이 된다.

모든 운동선수들의 첫 번째 원칙은 언제나 하지 말아야 할 것이 아닌 해내고자 하는 목표를 마음에 그리는 것이다. '방금과 같은 실수를 되풀이해선 안 돼'가 아닌 '좀 더 가운데를 향해 던져야지'라는 식으로 해내고자 하는 바를 구체적으로 생각하는 것이다. 코치들 역시 선수들에게 "호흡을 너무 빨리 하지 마"라고 하기보다는 "호흡을 좀 더 천천히 길게 해"라고 지시하는 것이 효과적이다.

🌿 극단적인 말은 극단적인 반응을 부르기 마련

부정적이면서 극단적이기까지 한 표현들은 대화를 단절시키고 상대의 반감을 불러일으킬 수 있는 가장 나쁜 독이다. 이때 극단적인 표현이라는 것은 물론 "내가 너 때문에 미치겠다"라든가 "이 식당의 음식은 끔찍해"라는 등의 부정적이고 폭력적인 비난의 표현들을 포함한다.

그러나 누구나 '부정적'이라고 느낄 수 있는 이러한 표현들 외에도 우리가 큰 문제의식 없이 쓰는 극단적인 표현들이 있다. 이를테면 '항상' '절대로' '모든 것이' '누구나' 혹은 '아무도' 같은 말들이 그런 표현들이다. "넌 항상 내 말에 집중하지 못하지" "모든 것이 다 엉망진창이야" "날 이해하는 사람은 아무도 없어" 같은 말들을 생각해 보자. 과연 상대가 정말 '항상' 집중하지 못하였는가? 과연 정말 모든 것이 다 엉망진창일까? 잘 돌아가고 있는 일도 있지 않은가?

극단적인 말은 극단적인 반응을 부르기 마련이다. 만약 당신이 자녀에게 "네가 제대로 공부하는 걸 한번도 못 봤다. 도대체 언제까지 맨날 놀기만 할 셈이니?"라고 꾸짖는다면, 아이는 '어떻게 내가 공부하는 걸 한번도 못 보셨다는 거지? 오늘만 해도 난 놀러 나가기 전에 숙제를 다 해 놓았는데?'라는 식으로 그 내용에 반박하는 논리를 만들어낼 것이 분명하다. 만약 아이가 "제가 언제 놀기만 했다고 그러세요?"라고 한다면 당신은 뭐라고 하겠는가. 그저 더 큰 목소리로 아이를 윽박지르기만 하겠는가? 계속해서 극단적인 방향으로 흘러가는 대화는 서로에게 분노를 불러올 뿐이다.

따라서 상황에 대한 중립적인 판단과 표현을 통해 대화가 어느 정도 객관성을 유지할 수 있도록 하는 것이 중요하다. 또한 극단적인 표현 대신 적절한 질문을 활용하는 것도 방법이 될 수 있다. 이를테면 "네가 방 청소하는 모습을 한번도 못 보았어"라는 말 대신 "이번 주말에는 방 청소하는 것을 잊은 것 같구나" 혹은 "매주 주말엔 우리가 뭘 하기로 했지?"라는 식으로 얼마든지 객관적이면서도 정확하게 원하는 바를 전달할 수 있다.

무례한 말과 친근한 말

우리가 상대의 말에 대해 불쾌함을 느끼거나 상처 받는 경우는 주로 아주 멀거나 어려운 사이에서보다는 오히려 어느 정도 친분이 있는 관계에서 발생한다. 그것은 대부분의 사람들이 가까운 사이에서 상대적으로 언행을 조심하지 않기 때문이다.

'정'이 넘치는 우리 한국 사회에서는 이처럼 친근한 관계에서의 무례함이 문제가 되는 경우가 많을 수밖에 없다. 가까운 사이에서는 어떤 예의나 절차 같은 것은 응당 무시해도 좋은 것 혹은 생략되어야 하는 것으로 여길 뿐 아니라 상대의 어떤 무례함도 받아들여야 하는 것으로 믿는 이들이 많기 때문이다.

그러나 가장 가까운 사이라고 할 수 있는 부부간, 혹은 부모와 자녀 간의 갈등은 대부분 이러한 기본적인 예의를 지키지 않아서 발생한다. 편하기 때문에, 말하지 않아도 알 것이라는 생각 때문에, 익숙하기 때문에 함부로 대하는 것은 관계를 치명적으로 악화시킬 수 있다.

가까운 이들에게 늘 함부로 말하는 사람에게 어느 날 상대가 상처받은 내색을 한다면? 그 상대는 아마도 오랜 시간 참아왔던 이야기를 꺼냈을 테지만, 그럴 때 사람들이 잘하는 이야기가 있다. "새삼스럽게 뭘 그런 걸로 그래?" "농담인 거 알잖아" "너나 몰라? 왜 그래, 갑자기" 등등. 그러나 한 번 더 생각해 보면, 이번의 항의를 통해 '새삼스러울' 정도로 오랫동안 그의 무례함이 반복되어 왔음을 알 수 있을 것이다.

✿ 어떤 경우에도 남 앞에서 상대를 무안주지 말라

특히 아무리 가까운 사이라 하더라도 제 3자가 있는 상황에서 상대를 무안주거나 불편하게 하는 말을 하는 것은 좋지 않다. 종종 여러 사람이 있는 자리에서 자신과 친한 관계인 사람을 농담의 소재로 삼거나 일부러 무안을 주면서 그것을 유머로 활용하는 사람이 있다. 좀 더 현명하게 유머를 대화에 활용하는 방법에 대해서는 이 책의 뒷부분에서 다시 언급하겠지만, 이것은 대단히 나쁜 방법이다.

또한 가끔 만나는 사이든 자주 보는 사이든, 첫 인사로 필요 이상으로 솔직하거나 깊은 이야기를 하는 것은 위험하다. 그 내용이 상대방이 민감하게 반응할만한 이야기일수록 더욱 그렇다. "살이 좀 찐 것 같은데" 라든가 "오늘 옷에 신경 좀 썼는데? 비싼 건가 봐?" 라는 등의 말은 상대와 상황에 따라 매우 불쾌하거나 신경 쓰이는 말이 될 수 있다. 아무리 가까운 사이라 하더라도, 대화의 시작은 지나치게 솔직하고 적나라한 말보다는 상황에 맞는 가벼운 칭찬 정도의 인사말이 좋다.

직장 상사라든가 나이가 자신보다 많은 어른을 대할 때에는 더욱 조심해야 한다. 우리는 종종 직장에서의 직책이나 선후배 관계 등과 무관하게 인간적인 친분을 갖게 되는 경우가 있다. 그럴 경우에도 사회적인 지위나 나이 등에 따른 기본적인 예의는 반드시 갖추는 것이 좋다. 아무리 격식을 따지지 않고 허물 없는 관계를 좋아하는 성격의 사람이라고 하더라도, 기본적으로 존중받지 못하고 있는 것을 좋아할 사람은 없다. 농담 삼아하는 공격적인 말이나 지적은 물론, 상대에게 윗사람으로서 지적한 내용에 대해 반발하는 것도 일정 수위를 넘어서면 큰 갈등의 싹이 될 수 있으니 조심하자. 나아가 "오늘 충고 감사합니다" "유익한 시간이었습니다" "앞으로 저의 멘토가 되어 주십시오"라고 한다면 상대도 자신의 미안함을 느끼고 앞으로 더욱 잘해 주게 될 것이다.

🌿 지나친 예의는 오히려 상대를 멀어지게 한다

물론 가까운 사이에서의 '친근한' 표현은 중요하다. 때로는 지나친 예의가 오히려 관계를 멀어지게 하거나 오해를 불러일으킬 수 있다. 내가 기대한 것 이상의 과도한 예의나 배려는 오히려 불편함을 느끼게 할 수 있으며, 내가 가깝다고 생각한 상대가 지나치게 예의를 갖춰 대하면 서운하게 느껴질 수도 있다.

나이 차이가 나지 않는 학교나 직장의 선후배 사이에 지나친 극존칭과 높임말을 사용하는 경우, 상대는 이에 대해 불편한 것은 물론이고 불쾌하게까지 받아들일 수 있다. 지나친 예의가 나를 존중하는 것이 아니라 오히려 밀어내거나 무시한다고 느껴질 수 있다는 것은 아이러니하지만 재미있는 사실이다. 이런 경우는 조금만 입장을 바꾸어 생각해 보면 금방 알 수 있다.

공자도 '예의란 상대가 원하는 대로 편하게 해주는 것이다'라고 했다.

　또한 대화 상황에 있는 상대보다 더 윗사람인 제삼자가 있는 경우에는 더욱 조심해야 한다. 한국 사회에서는 나이나 직위가 더 높은 어른 앞에서 그보다 아랫사람에게 존칭을 쓰는 것을 예의에 어긋난 것으로 여기기 때문이다. 특히 위아래 서열이 분명한 집단일수록 이에 대해 무척 민감하다. 부장님께 "과장님께서 지금 외출 중이십니다"보다 "과장님 지금 외출 중입니다"라고 하는 것이 좋다.

🌿 적절한 호칭을 사용하라

친근한 표현과 예의 없는 표현 사이의 경계가 모호하면서도 잘 지켜야 할 것 중 하나가 바로 호칭이다. 특히 우리나라에서는 서양과 달리 함부로 남의 이름을 부를 수 없기 때문에 이러한 호칭이 더욱 중요하다. 호칭은 보통 나이, 성별, 직위, 두 사람 간의 관계에 따라 달라지는데, 이 때문에 처음에 상대를 어떻게 불러야 할지 고민하게 되는 경우가 많다.

낯선 관계에서 지나치게 예를 갖춘 경칭을 사용하면 어울리지 않는 저자세로 보여 관계가 어색해질 수 있으며, 호칭이 고민된다고 해서 아예 생략해버리면 서로 간의 유대를 형성하기 어렵다. 그렇다고 해서 아무에게나 대뜸 지나치게 편안한 호칭을 쓰는 것도 상대를 당황시키거나 불쾌하게 할 수 있다. 요즘은 미용실이나 옷가게 등에서 손님들에게 '언니'라고 부르는 경우가 많은데, 듣는 이의 성향에 따라 그것을 친근하고 편안하게 느끼는 사람이 있는 반면 기분 나쁘게 여길 수도 있다.

사람들이 첫 만남에 거부감을 갖기 쉬운 호칭은 '아줌마' '~씨' 등이다. 특히 우리나라에서는 보통 상대보다 나이가 어린 사람이 '~씨'라고 부르는 것을 굉장히 예의 없는 것으로 여긴다. 따라서 처음에 뭐라고 칭해야 할지 고민되는 상대에게는 보통 '선생님'이라든가 그 사람의 직함을 불러주는 것이 좋다.

이처럼 얼마나 예의를 갖추고 친근한 표현을 쓰는 것이 적합한가 하는 것은 상대와 나의 관계, 상대의 성향 및 성격과 대화 상황 등에 따라 달라질 수 있으므로 항상 관심을 기울여야 한다. 그리고 고민이 될 때에는 내가 상대의 입장이라고 생각해 보자. 나는 어떤 관계에서 어떤 호칭과 어떤 말을 들었을 때 내가 존중받는다고 느껴지는가? 혹은 어떤 표현이 상대를 친근하게 느껴지게 하겠는가?

플러스 알파를 만드는 마법의 언어

🌿 첫째, 그 말이 옳습니다

상대방이 어떤 불만을 가지고 있거나 당신을 비판할 때, 불만을 토로할 때 당신은 보통 어떻게 하는가? 우리는 대부분 다른 이의 비난이나 공격에 익숙하지 않아 당황하게 된다. 그리고 이에 대응해 함께 화를 내거나 반대로 장황하게 자신이 그렇게 한 이유에 대해 설명하기 마련이다. 그러나 이미 화가 난 상대에게 그러한 설명은 변명으로 받아들여질 뿐이며, 상대의 분노와 불만은 더욱 커지게 된다.

그럴 때에는 "그 말이 옳습니다"라는 말의 힘을 빌려 보자. 사람은 본능적으로 자신이 옳다고 믿고 그것을 상대에게 인정받고 싶어 하므로, 본인이 인정할 수도 없는 잘못이나 상대의 불만에 대해 "당신이 옳다"고 인정하기란 쉽지 않다. 많은 이들이 이렇게 묻는다. "왜 잘못한 것도 없는데 사과를 해야 하죠? 그건 잘못된 것 아닌가요?" 물론 맞는 말이다.

그러나 불평하는 사람은 나름의 이유와 논리를 가지고 있기 마련이다. 만약 그 사람의 말이 사실이라면 일단 "그 말이 옳습니다"라고 인정하고 필요하다면 사과를 한 후 해결 방안에 대해 고민해보는 것이 현명하다. 일이 왜 그렇게 되었는지, 왜 어쩔 수 없었는지를 설명하기보다는 잘못된 것을 바로 잡는 데에 시간을 쓰는 것이 더 효율적이기 때문이다. 불만을 품은 상대의 입장에서도 만약 우리가 자신의 이야기를 바로 인정해주고 해결 방안에 대해 이야기한다면 태도를 바꾸고 이야기를 들어보려고 할 것이다.

그러나 만약 상대의 말이 사실이 아니거나 절대 동의할 수 없는 내용이라면, 일단 최소한 상대방의 심리상태만이라도 이해하려는 노력을 해보자. 어떤 이유에서건 분노해 있는 상대의 감정 자체를 인정하는 것이다. "당신이 화난 것을 이해합니다" 혹은 "정말 속상했겠군요" "저 역시 정말 안타깝게 생각합니다" 등 상대의 심정에 공감한다는 표현의 말을 한다면 그 뒤에 훨씬 부드럽게 대화를 이어갈 수 있게 된다.

즉 그것은 잘못을 인정하는 것이 아니라 상대의 기분에 대해 공감하고 동정한다는 의미의 표현이므로 그 뒤에는 역시 그 문제나 상황을 개선할 수 있는 방안에 대해 고민하고 이야기하면 된다.

즉, Yes-But 화법이다. 일단 긍정적으로 화답하고 나서 합당한 이유와 반대논리를 피력하는 것이다.

🌸 둘째, ……하기를 바랍니다

상대방이 어떤 부탁을 했을 때, 그 사람의 마음을 얻는 가장 좋은 방법은 물론 그 부탁을 들어주는 것이다. 상대의 기대를 저버리지 않고 언제나 "물론 좋아" "당연히 그렇게 해야지" "내가 도와줄 수 있어"라고 대답할 수 있다면 얼마나 좋겠는가. 특히 그 상대가 내게 소중하고 가까운 사람이라면 더더욱 그럴 것이다.

그러나 안타깝게도 우리가 모든 부탁을 다 들어줄 수는 없다. 심지어 때로는 상대의 바람을 들어줄 수 있는 가능성이 전혀 없거나, 도움이 되는 그 무엇도 할 수 없는 경우도 있을 것이다. 그럴 때 우리는 뭐라고 하면 좋을까?

만약 이런 상황에서 우리가 "⋯⋯해줄 방법이 없다"라든가 "어쩔 수 없다"라는 등의 표현을 쓰게 된다면 어떨까? 아무리 어쩔 수 없는 상황이라 하더라도, 그런 표현이 반복되면 상대는 우리가 자기에 대해 무심하다고 생각하게 될 것이다. 뿐만 아니라 우리 스스로도 반복되는 상황 속에 무력감을 느끼게 된다.

만약 어쩔 수 없이 상대에게 나쁜 소식을 전해야 한다면, "⋯⋯할 수 없다"든가 "방법이 없다"는 말 대신 "⋯⋯하기를 바란다" "⋯⋯했으면 좋겠다"라는 식으로 순화하여 부드럽게 표현해 보는 것은 어떨까. 이는 상대가 원하는 것을 나도 원한다는 공감의 표현으로 상대와 좀 더 정서적인 친밀함을 느끼게 할 수 있을 뿐 아니라, 상대의 상황에 대해 나 역시 신경 쓰고 걱정하고 있다는 표현을 함으로써 나의 거절이 정말 어쩔 수 없는 것임을 상대에게 느끼게 해준다.

뿐만 아니라 조금이라도 당신이 해줄 수 있는 일, 상대가 얻을 수 있는 일에 초점을 맞추어 이야기해보는 것도 좋은 방법이다. 당신이 해볼 수 없는 일, 상대가 얻을 수 없는 것에 초점을 맞춘 대화는 좋지 않은 상황을 더욱 악화시키고 상대를 코너로 몰고 가는 결과를 낳을 뿐이다. 그러나 반대로 어려운 상황 속에서도 무엇을 할 수 있으며 얻을 수 있을지를 함께 모색하는 대화 속에서는 서로를 좀 더 이해하고 공감할 수 있게 된다. 상대가 원했던 실질적인 도움을 주지 못하더라도, 서로 간의 이러한 소통이 가능해진다면 그 정서적인 위로는 그에게 무엇과도 견줄 수 없는 소중한 선물이 될 것이다.

이를테면 "오늘은 업무가 많아 고객님의 일을 처리할 수가 없습니다. 내일까지 기다려 주세요"라고 지금 할 수 없는 것에 대해 말하기보다는 "내일 첫 번째로 고객님의 일을 처리해드리겠습니다"라고 함으로써 무엇을 할 수 있는지에 대해 들려줄 수 있다. 또한 "다른 고객님들이 기다리시기 때문에 고객님의 일만 우선적으로 처리할 수는 없습니다"라고 거절의 이유를 설명하기보다는, "고객님의 일부터 처리해드리고 싶은데 안타깝게도 다른 일들이 밀려 있어서요, 조금만 기다려주시면 감사하겠습니다"라고 도움을 주고 싶은 본인의 의지를 전달하는 것이 중요하다. 이러한 말하기를 통해 상대는 거절당했다는 불쾌감이나 서운함 대신 공감과 위로를 얻을 수 있으며, 자신을 돕고자 하는 상대의 의지를 느낌으로써 인간적인 유대가 형성될 수 있다.

🌺 그 말이 무슨 뜻인가요?

간혹 대화 중에 상대를 정면으로 공격하는 사람이 있다. 그런 사람 앞에서는 순간적으로 무슨 말을 해야 할지 판단하기가 쉽지 않다. 그런 상대 앞에서 흥분하거나 급히 뭔가 설명을 하려고 하면 오히려 역효과가 나기 십상이다. 즉 상대가 부당하게 나를 깎아내리거나 면박을 줄 때, 내게 이유 없이 화를 낼 때에는 다른 경우와 마찬가지로 먼저 상황을 파악하고 문제의 근원을 찾아내는 것이 중요하다. 그저 감정적인 반박을 하거나 상대가 틀렸다는 것을 증명하려고 하는 것은 무의미한 행동이다.

따라서 먼저 상대가 왜 그러는지를 파악하고 대처할 말을 생각할 수 있을 때까지 싸움이 일어나지 않도록 상대의 분노를 지연시키려는 노력이 필요하다. 그럴 때 효과적인 표현이 바로 "그 말이 무슨 뜻인가요?"라는 말이다. 갑자기 씩씩대며 내 앞에 나타나 "넌 친구도 아냐. 너에게 정말 실망했어. 꼴도 보기 싫어" 라고 하는 친구에게, "내가 너한테 얼마나 잘 해줬는데 그런 소릴 하는 거야? 나야말로 실망이다" 라고 대응하기보다는, "그 말이 무슨 말이니?"라고 되묻는 게 좋다. 이러한 질문은 나 스스로가 즉각적으로 공격적인 대응을 하는 것을 막아줄 뿐 아니라, 상대로 하여금 자신이 분노한 원인에 대해 다시 한번 생각하게 함으로써 그것에 대해 차분하게 대화를 나눌 수 있는 창구를 열어주기 때문이다.

의외로 많은 사람들은 자신이 화를 내는 진짜 이유에 대해 이성적으로 생각해 보지 못한 채 화를 내곤 한다. 또한 상대 역시 그 표면적인 공격 자체에만 대응하기에 급급한 경우가 많다. 그럴 때 질문을 통해 모호한 행동의 원인을 파악하고 대처하게 된다면 생각보다 쉽게 서로의 분노를 다스리고 문제를 해결할 수 있게 될 것이다.

부드러운 말로 상대를 정복할 수 없는 사람은 큰 소리를 질러도 정복할 수 없다.

― 안톤 체호프

그 누구와도 대화를
이어갈 수 있는
언어의 품격

PART 2

경청과 공감을
부르는 **마법의 말**

경청하는 귀 경청하는 눈

당신은 누군가의 말을 잘 듣는 사람인가? 혹은 당신 주변에는 당신의 말을 잘 들어주는 사람이 있는가? 그런 사람이 있다면, 무엇 때문에 그 사람이 당신의 말을 잘 듣는다고 판단하는가? 당신은 그 사람을 어떻게 생각하는가?

생각보다 많은 사람들이 상대의 이야기에 완전히 집중하지 못하며, 일방적으로 자신의 이야기만을 하려고 하는 경우가 많다. 누구나 자신이 남의 이야기를 '잘 듣는다'고 생각한다. 하지만 커뮤니케이션 전문가들에 의하면 일반적으로 사람들은 자신이 듣는 이야기 중 약 25퍼센트만을 경청한다.

이처럼 '잘 듣는다'는 것, 즉 경청한다는 것은 쉽지 않은 일이다. 대부분의 사람들은 남의 이야기를 듣기보다는 자기가 말하는 것을 즐기거나, 혹은 듣는다고 해도 어느 정도는 건성으로 듣거나 선택적으로 듣는 경우가 많다.

사람의 말을 듣는 것은 그 사람의 소리를 듣는 것이 아니라 그 사람이 하는 말을 듣고 이해한다는 뜻이며 나아가 기억하고 분석하고 응답한다는 것을 뜻한다. 그러므로 단순하게 그 사람이 말하는 소리를 듣는다는 것은 '가짜 듣기'이고 그 사람의 말뜻을 수용하고 응답한다는 것은 '진짜 듣기'이다.

라이먼 케이 슈테일Lyman K. Steil은 듣기는 '듣기hearing — 해석interpretation — 평가evaluation — 응답responding'의 4단계 과정을 거친다고 한다.

조제프 아 데비트Joseph A. Devito도 듣기는 '수용receiving —이해understanding — 기억remembering — 평가evaluation — 응답responding'의 5단계 과정이라고 했다. 즉 진짜 듣기가 경청이라고 할 수 있다.

그렇다면 우리에게 '경청'이 필요한 이유는 무엇인가.

모든 사람은 남에게 존중 받기를 원하고, 자신이 중요한 사람이라고 느끼고 싶어 한다. 즉 상대가 나에게 완전히 집중했다고 느낄 때 사람은 자신이 굉장히 중요한 존재임을 깨닫는다는 것이다. 따라서 상대가 나의 이야기에 몰입하고 집중했다고 느낄 때 기분이 좋아지며, 반대로 상대가 내게 주의를 기울이지 않는다고 느끼면 분노하게 된다.

적극적으로 경청한다는 것은 자신의 특별한 신념, 감정, 감각, 태도를 갖고 듣는 것을 뜻하며 상대방의 말과 마음을 진정으로 이해하려는 태도이다.

따라서 아무리 화가 난 사람이라 하더라도 그의 말에 귀 기울이며 집중하는 모습을 보이면 이성을 찾고 목소리를 낮추게 된다. 경청에는 바로 그러한 힘이 있다. 적극적인 경청이 말을 잘하는 굿 스피커가 되는 첫걸음이라고 할 수 있다.

🌿 눈으로 경청하기

그렇다면 경청이란 어떻게 하는 것이며, 그것을 상대가 느낄 수 있게 하기 위해서는 무엇에 신경을 써야 할까.

흔히 경청을 '귀'로만 하는 것으로 생각한다. 물론 상대의 이야기를 주의 깊게 잘 듣는 것은 귀로 할 일이다. 그러나 우리가 진정으로 경청한다면, 그때 우리 신체의 모든 부분이 반응을 나타낸다. 그리고 상대는 그러한 신호들을 토대로 우리가 자신에게 집중하고 있는지, 자신의 말을 잘 듣고 있는지 판단하는 것이다.

상대가 내 말을 잘 듣고 있는지 판단하기에 좋은 가장 대표적인 사인sign은 바로 눈이다. 당신은 상대의 말을 들을 때 시선을 어디에 두는가? 행여 테이블이나 바닥에 시선을 내리꽂고 있거나 이리저리 불안정하게 두리번거리지는 않는가? 멍하니 허공을 본다든가, 고개를 돌려 주변의 온갖 움직임에 반응하지는 않는가?

우리는 보통 상대방의 눈을 보면서 말을 한다. 듣는 사람이 성실하게 듣고 있는지 믿을 만한 사람인지 판단한다. 따라서 내가 말을 하고 있는 상황에서 적절하게 상대의 눈을 응시하는 것은 내 이야기의 설득력을 높이고 상대를 집중하게 하는 효과를 불러올 수 있으며, 반대로 듣는 상황에서의 적절한 눈 맞춤은 상대에게 내가 당신의 이야기에 주의를 기울이고 있다는 좋은 사인이 될 수 있다.

🌸 친밀함과 무례함 사이

그러나 이것이 모든 상황에 적용되는 것은 아니다. 만약 연인 사이라면 서로의 눈을 한없이 응시함으로써 서로에 대한 애정과 친밀함을 확인할 수 있겠지만, 일반적인 관계에서는 상대의 시선이 지나치게 오래 자신의 눈에 고정되는 것에 대해 불편함을 느낄 수 있다. 눈에는 자신의 마음의 움직임이 실시간으로 반영되므로 지나치게 눈을 응시하면 내 속마음을 들킨 것 같은 느낌을 받기 때문이다. 즉, 일정시간 이상 상대의 눈을 응시하는 것은 그 사람의 프라이버시를 침해하는 다소 무례한 행동으로 해석될 우려가 있다. 따라서 이야기의 한 단락마다 시선의 이동과 변화를 주어야 한다.

특히 대화 상대가 자신보다 윗사람이거나 거래를 해야 하는 고객일 경우에는 더욱 조심해야 한다. 그들은 아랫사람이나 거래 상대에게 자신의 속내를 들키고 싶지 않아 하며, 언제나 상대방의 겸손한 태도와 자신에 대한 존중을 느끼기를 원하기 때문이다.

🌸 시선을 맞추는 적절한 타이밍

내가 이야기를 할 때나 상대의 이야기를 들을 때 모두 시선을 맞추기에 적절한 포인트가 되는 순간들이 존재한다. 만약 내가 말하고 있는 상황이라면 상대에게 지금 내가 하는 말을 특별히 강조하거나 상대의 피드백이 필요할 때 자연스럽게 눈을 맞추게 될 것이다. 마찬가지로 상대의 이야기를 들을 때에도 중간마다 적절하게 상대방의 눈의 움직임을 확인하면서 상대가 나에게 피드백을 원하는 순간마다 눈을 맞춰주는 것이 좋다.

그렇다면 상대의 눈을 보는 순간들 외에는 시선을 어디에 두는 것이 좋을까?

겸손한 태도를 보이기 위함이라면 상대의 얼굴보다 약간 아래쪽을 보는 것이 가장 적절하다. 이때 다시 눈을 보기 위해서는 시선을 살짝 들어주면 되고, 일정 시간 후에는 다시 시선을 약간 내려 얼굴 아래쪽을 본다. 그렇게 되면 시선이 자연스럽게 상하로 움직이게 되는데, 행동 과학자들의 분석에 따르면 이러한 시선의 이동은 상대에 대한 존경과 신뢰의 표현으로 받아들여진다고 한다.

다만 시선을 옆으로 돌리는 것은 피한다. 얼굴은 물론 눈을 돌리는 것도 주의한다. 사람들은 흔히 상대의 눈동자나 얼굴이 옆을 향하게 되면 자신의 이야기를 거부하고 밀어낸다고 느끼기 때문이다.

🌸 경청하는 표정과 자세

겸손함도 좋지만 필요에 따라 강한 신뢰를 토대로 한 설득이나 대답을 하고자 할 때에는 정면으로 상대의 눈을 바라보는 것이 효과적일 수 있다. 또한 눈썹을 자연스럽게 올리고 얼굴 표정을 풍부하게 하는 것도 상대로 하여금 당신이 상대의 이야기를 경청하고 있다고 느끼게 할 수 있는 효과적인 방법이다. 이야기하고 있는 사람의 맞은편에 앉아 멍한 표정으로 시선을 허공에 두거나 이곳저곳으로 시선을 옮기는 것은 상대의 이야기에 관심이 없다는 의미로 받아들여질 수 있다.

덧붙여 시선뿐 아니라 몸 전체를 말하는 이에게 집중하는 것도 경청의 중요한 포인트이다. 예를 들어 몸을 의자 끝으로 당겨서 상대에게 최대한 다가가 앉는 것으로 자신이 지금 현재 완전하게 상대를 위해 집중하고 있다는 것을 보여줄 수 있다. 이렇게 가까이 다가가 상대에게 집중하고 있는 당신을 드러내놓고 무시하거나 갑자기 무례하게 굴 사람은 거의 없을 것이다.

듣기에도 기술이 있다

'잘 듣는다'는 것은 무엇인가? 대부분의 사람들은 남의 이야기를 들으려는 마음보다는 그저 자신의 이야기를 하는 데에 급급하다. 그렇게 자신의 이야기로 머릿속이 가득 찬 상태에서는 다른 사람의 이야기가 귀에 들릴 리 만무하고, 결국 잘 듣기가 어려워진다. 따라서 상대의 말 한마디 한마디를 충분히 흡수하며 듣고, 상대가 말이 끝났다는 신호를 보냈을 때 비로소 내 이야기를 하는 것이 중요하다.

상대의 말을 들을 때에는 앞에서 살펴본 바와 같이 상대에게 집중한 시선과 몸의 자세를 유지하도록 해야 한다. 만약 누군가가 당신이 일하고 있는 사무실 또는 공간으로 할 말이 있어 찾아왔는데, 당신이 계속 바쁘게 일을 하느라 흘끔흘끔 곁눈질하며 이야기를 듣는다면 상대방의 기분은 어떻겠는가? 그것은 마치 상대에게 "난 지금 바쁘니까 빨리 얘기하고 가시오"라고 말하는 것과 다를 바가 없다. 단 몇 분의 대화라 하더라도, 언제나 가장 중요한 것은 상대에게 '집중'해 주는 것이다.

눈높이를 맞추는 것은 상대방의 적극적인 이야기를 끌어내기 위한 좋은 듣기 방법 중 하나이다. 토론이나 회의 자리에서 회의에 참여하는 사람들이 모두 앉아있고 진행자만 혼자 서 있다면, 그것은 참여자들에게 어떤 의미로 받아들여질까?

일반적으로 서 있는 자세는 앉아있는 사람들에게 지배적인 느낌을 줄 수 있기 때문에 앉아있는 사람들은 위축되고 주눅들 수 있다. 누구나 한두 번은 회의나 토론에 참여하는 사람들이 아무도 입을 열지 않아 난처하고 어색했던 경험을 해보았을 것이다. 그럴 때 진행자가 토론자들의 옆에 앉아 눈높이를 맞추어 준다면, 좀 더 편안한 분위기 속에서 적극적인 대화를 유도할 수 있게 될 것이다.

🌾 대화의 효과는 듣는 사람이 결정한다

대화의 효과란 결국 듣는 사람에 의해 결정된다. 상대가 어떤 말을 하는가보다는 그것을 당신이 어떻게 받아들이고 이해하는가에 따라 대화의 흐름이 완전히 달라지기 때문이다. 사람은 결국 자신이 보고 싶은 것만을 보고 듣고 싶은 것만을 듣는다. 뿐만 아니라 같은 내용을 들어도 본래 자신이 가지고 있던 생각의 틀을 토대로 그것을 해석하고, 심지어 때로는 상대가 주는 정보 중 일부를 무시하거나 왜곡하기도 한다.

많은 상사들이 부하직원들의 말을 집중해서 듣지 못하는 이유는 부하직원들이 하는 이야기가 이미 자신이 알거나 예측 가능한 범위의 이야기일 것이라고 짐작하기 때문이다. 그래서 분명히 과거에 다 보고한 내용임에도 불구하고 다음에 그 이야기가 다시 나왔을 때 상사가 마치 처음 듣는 이야기인 것처럼 반응하는 경우가 있는데, 이때 부하직원은 매우 당황하게 된다. 이러한 문제는 아마 많은 직장생활에서의 오해와 스트레스 중 큰 부분을 차지할 것이다.

반대로 자신보다 높은 지위에 있거나 경험이 더 많은 사람의 이야기를 들을 때 무조건적으로 수용하고 받아들이는 자세를 취하는 경우가 있다. 그러나 상대방 이야기의 세부적인 내용이나 의도를 제대로 이해하지 못하고 무조건적으로 동의의 제스처를 취하게 될 경우, 이 역시 추후에 다른 오해나 문제를 불러일으킬 소지가 있다.

따라서 상대의 이야기를 잘 듣고 의문나는 점을 질문하는 것이 좋은 방법이다.

✿ 대화의 '123 법칙'

좋은 대화에는 '123 법칙'이 적용된다. 123법칙이란, 대화 중에 하고 싶은 말을 1분 했다면 2분 들어주는 것이 좋으며, 대화 동안 상대방의 말에 3번 맞장구치는 것을 가리킨다. 따라서 성급한 판단과 평가를 최대한 보류하고 조언과 충고 역시 최소한으로 하며, 하더라도 최대한 나중에 하겠다는 마음으로 대화에 임하는 것이 좋다. 이처럼 자신이 말하는 것보다는 듣는 것이 중요하며, 단순히 듣는 데에 그치지 않고 적극적인 반응과 공감을 해주어야 진정한 경청이요 대화가 된다.

결국 남의 말을 잘 들어주는 사람이란 상대의 이야기를 집중해서 듣고 그 내용을 잘 이해하는 사람, 그것에 대해 적절한 반응을 보여주고 대화가 이어질 수 있도록 상대를 독려해 주는 사람, 따라서 함께 대화하기 즐거운 사람이다. 그렇다면 이러한 경청의 기술에는 구체적으로 어떤 것이 있을까?

상대의 이야기에 집중하기 위해서는 무엇보다도 듣는 일 외에는 다른 데에 신경을 쓰지 않는 것이 중요하다. 즉 다른 곳에 시선을 두거나 주변의 음악 또는 다른 대화 등 잡음을 듣거나, 그밖에 대화와 무관한 다른 행동을 하지 않는 것이다.

또한 이야기를 듣는 중에 상대에게 적절한 반응을 보여주는 것이 중요하다. 공감의 눈빛이나 적절한 끄덕임 등의 제스처를 보이는 것은 필수이며, 혹 모르는 내용이 있거나 궁금한 것이 있을 경우 표정이나 몸짓으로 의문을 표현해 주는 것이 좋다.

다만 직접적으로 질문하는 것은 상대의 말을 중단시킬 수 있으므로 이야기가 자연스럽게 멈추는 중간이나 이야기가 끝난 후에 하도록 한다. 만약 부득이하게 상대방의 이야기 중간에 끼어들어야 하는 상황이라면 반드시 상대의 말을 중단시킨 것에 대해 사과하고 양해를 구한다. 그리고 상대가 다시 이야기를 이

어갈 수 있도록 자연스럽게 대화의 맥락을 연결하게 해주는 것
도 필요하다.

이야기 중간에 부정확한 발음이나 틀린 표현 등을 지적하는
것은 바람직하지 못하다. 혹시 반대되는 생각이 있거나 다른 정
보를 알고 있을 경우에는 적절한 순간에 정중하게 이야기하도
록 한다.

대화의 성격에 따라 다르겠지만, 이야기 중간마다 정말 중요
하다고 생각되거나 궁금한 점이 있으면 가볍게 메모를 해도 좋
다. 그리고 혹 이미 들었던 이야기라 하더라도 바로 내색하기보
다는 긍정적인 표정으로 끝까지 들어주는 자세가 필요하다.

이야기를 듣는 사람이 이렇게 훌륭한 경청 능력을 발휘한다
면 말하는 사람 역시 자신의 대화 능력을 십분 활용하게 될뿐
아니라 둘 사이의 시너지로 인해 더욱 효과적이고 알찬 대화가
이루어지게 될 것이다.

좋은 대화는 그 자체로써 우리를 행복하게 한다.

상대가 보이지 않아도 웃어라

종종 길을 가다가 휴대전화로 전화통화를 하면서 시종일관 싱글벙글 웃고 있는 사람을 보면, 나도 모르게 호기심이 생긴다. '뭐가 저렇게 좋을까? 연인과 통화하는 걸까?' 분명 그(그녀)의 미소는 전파를 타고 상대방에게까지 전달될 것이며, 아마 상대방도 똑같이 저렇게 웃고 있겠지, 하는 생각을 하면 괜스레 기분이 좋아진다.

앞에서 우리는 듣기를 잘하기 위해서는 상대방의 말에 귀를 기울일 뿐 아니라 시선과 몸의 자세까지도 집중해야 한다는 것을 알았다. 그렇다면 전화로 대화하는 상황에서는 어떨까?

때때로 필자는 전화통화를 할 때 상대에게 얼굴이 보이지 않는다는 이유로 딴짓을 하면서 전화를 받거나, 상냥한 척하는 말투와는 달리 인상을 잔뜩 찌푸리고 전화를 받는 이들을 본다.

직장에서 고객과 통화를 할 때에도 전화선을 꼰다든가 낙서를 하면서, 또는 컴퓨터로 인터넷 서핑을 하면서 목소리만 상냥하게 내는 사람이 있다. 반면 전화 대화임에도 불구하고 바른 자세로 앉아 시종일관 미소를 띠고, "감사합니다"라고 인사를 할 때 실제로 고개를 숙일 정도로 충실하게 임하는 사람이 있다. 이 둘의 업무 성과와 상대 고객의 만족도, 함께 일하는 사람들 사이의 평판은 아마 천지차이일 것이다.

🌸 미소는 전화선으로도 전달된다

분명 전화는 상대의 얼굴을 실시간 마주하지 않기 때문에 상대적으로 아주 미세한 표정의 변화라든가 감정적 동요를 숨기기에 유리할 수 있다. 그러나 놀랍게도 미소는 전화선을 통해서도 전달된다. 얼굴을 찌푸린 채 아무리 상냥한 목소리를 연기하려 해도, 미소 띤 사람에게서 나오는 자연스럽고 밝은 목소리의 톤은 나오지 않는다.

뿐만 아니라 내 쪽에서 먼저 미소를 짓고 대화를 시작한다면 나 역시 마음에 여유가 생기며, 전화 시작부터 상대방이 자연스럽게 나의 페이스를 따라오게 된다. 또한 내가 미소를 짓고 있으면 상대 역시 내게 미소를 짓는 것처럼 느껴져 한결 더 기분 좋은 대화를 할 수 있게 된다.

전화는 얼굴이 보이지 않기 때문에 말과 표정, 말과 말 사이의 간격 등의 세세한 뉘앙스가 전달되지 않아 오해가 생길 소지도 많다. 따라서 전화 대화를 할 때에는 오히려 얼굴을 마주한 대화보다 훨씬 더 상대에게 다가가려는 마음을 갖는다고 생각하고 최대한 친절한 표정과 말투로 이야기를 하는 것이 좋다. 조금만 무성의하거나 불친절한 느낌이 들어도 상대는 쉽게 서운해 하거나 분노할 수 있기 때문이다. 어쩌면 '보이지 않아도 웃어라'보다는 '보이지 않을수록 더 웃어라'라는 말이 더 적절할 수도 있다.

특히 요즘에는 전화뿐 아니라 휴대전화 문자메시지나 그 밖의 메신저 등을 활용해 대화를 하는 경우가 많다. 이때는 얼굴뿐 아니라 목소리마저 생략되므로 사소한 것으로부터 오해가 생기기가 더욱 쉽다. 상대가 내 말을 제대로 들은 것인지, 내 의견에 대해 좋다고 생각하는 것인지, 내게 집중하고 있는 것인지 등에 대해 의구심을 품기 시작하면 서운함이 싹트게 되고 대화는 어려워진다. 특히 연인 사이나 친구 사이에 그런 문제로 다투거나 서운해 하는 일이 많다. 민감하고 어려운 화제일수록 얼굴을 맞대고 이야기하지 않으면 오해가 생기기 쉽다.

궁극적으로는 모든 형태의 대화가 같다고 생각하면 된다. 모든 대화에서 내 이야기만 하겠다는 욕심을 버리고 상대에게 집중하며, 좋은 대화가 이루어질 수 있도록 적절한 피드백을 주려고 노력한다면 상대방도 당신의 진심을 읽고 더 적극적이며 호의적으로 이야기할 것이다. 멋진 대화는 나와 당신이 만드는 앙상블이요 작품이다.

상대와 상황에 따른 리액션과 피드백

앞에서 우리는 대화 상황에서 경청이 얼마나 중요한지에 대해 이야기하였고, 그 가운데 상대에게 적절한 피드백을 주는 것이 대화를 더욱 긍정적으로 촉진시킬 수 있음을 알았다. 그러나 적절한 피드백이라는 것이 과연 무엇인가. 그저 연신 고개를 끄덕이고 "당신 말이 맞습니다"라고 동의해주면 되는 것인가?

피드백에는 크게 언어적 피드백과 신체적 피드백이 있으며, 둘 다 문화적인 배경이나 상대의 특성(연령이나 성별, 직업 등), 대화 상황, 상대와 나와의 관계 등에 따라 달라질 수 있다.

🌺 다양한 언어적 피드백

언어적 피드백에는 먼저 "아아" "음" "오" "아하" 등의 감탄어가 있다. 또한 "정말 그러네요" "그 말이 맞습니다" "그게 사실인가 요?" "대단하네요" 등 대화를 자연스럽게 이어가며 추임새를 넣 어줄 수 있는 말들이 있다.

종종 적절한 질문이 좋은 피드백이 되기도 하는데, 그 때에는 적절한 공감의 표현과 함께 질문을 하는 것이 효과적이다. 이를 테면 "어머나, 그래서 그가 뭐라고 하던가요?" "정말 무서웠겠네 요. 당신은 겁이 많지 않아요?" 라는 식으로 상대의 이야기에 대 한 적절한 공감과 함께 다음 대화를 이어나갈 수 있게 하는 질 문을 함으로써 상대방이 더욱 기분 좋게 이야기를 계속 이어가 도록 독려하는 것이다.

상대의 이야기를 똑같이, 혹은 비슷하게 반복하면서 리액션 을 하는 방법도 있다. 이를테면 상대가 "다음 주에 갑자기 이사 를 하게 되었어요"라고 했을 때 "어머, 다음 주에 이사를 하신다 구요? 정말 갑작스럽네요" 라는 식으로. 그리고 여기에서 한 단 계 발전한 것이 그 말 자체에 대해 반응하는 것을 넘어서 상대의 '감정'에 대한 피드백을 준다면 더욱 좋을 것이다. 이를테면 "다음 주에 갑자기 이사를 하게 되었어요"라는 상대의 말에 "큰 결심을 하셨군요. 역시 아이가 우선이죠. 어느 쪽으로 가실 생각이세요?" 라는 식으로 좀 더 적극적인 관심을 표현해 주는 것이다.

🌼 문화와 상대의 특성에 따른 적절한 피드백

지금까지 언어적, 신체적 피드백에 대해 간단히 살펴보았다. 이러한 피드백은 그 사회의 문화나 대화 상대의 특성 등에 따라 효과가 완전히 달라질 수 있다.

이를테면 서양 사람들은 우리나라 사람들이 보기에는 다소 호들갑스럽게 보일 수 있는 적극적인 피드백에 익숙하다. 따라서 서양 사람들과의 대화 상황에서는 언어적으로나 표정, 몸짓을 동원해 좀 더 적극적이고 활발한 피드백을 주는 것이 좋다. 반면 우리나라 사람들은 대체로 예의를 갖추고 조용히 앉아 이야기를 듣는 것이 상대에 대한 존중을 표현한다고 생각하는 경우가 많으므로 이에 적절한 피드백을 해야 한다.

피드백이 지나치게 잦거나 상대의 이야기 타이밍과 맞지 않으면 오히려 상대에게 독촉하는 느낌이나 부담을 주게 되어 이야기하는데 방해가 될 수 있다. 앞에서 언급한 '질문'을 활용한 피드백 같은 경우 지나치게 잦으면 상대에게 취조 당하는 느낌을 줄 수 있으며, 과도한 맞장구나 기계적인 동의는 진심처럼 느껴지지 않고 오히려 거부감을 주기도 한다. 또한 상대의 이야기에 대한 피드백을 한다는 것이 결국 내가 이야기하고 싶은 방향으로 대화를 끌고 가는 것은 피해야 할 리액션이다.

말하는 사람은 누구나 상대로부터 독촉이나 의심을 받지 않고 자신이 하고자 하는 이야기를 끝까지 편안하게 하고 싶어 한다. 그리고 자신의 이야기가 상대에게 긍정적인 영향을 주기를 원하며, 상대가 따뜻하고 적극적인 인간적 관심과 공감을 표현해주길 원한다. 이러한 당연한 인간의 욕구를 생각하며 나의 따뜻한 마음과 열린 자세를 상대방에게 전달해 준다면, 가장 훌륭한 피드백이 될 것이라고 믿는다.

누구나 좋아하는 공감, 교감하기

인간은 결국 누구나 혼자라고, 그래서 외로운 존재라고들 하지만 그래서 모든 인간은 다른 존재와의 공감과 교감을 원한다. 사랑하는 사람을 만나 데이트를 할 때, 판매나 계약을 성사시키려 할 때, 잔뜩 화가 나 불만을 토로하는 고객을 상대할 때에도 우리에게는 언제나 상대와의 공감과 교감이 필요하다.

만약 당신이 어떤 사람과의 교감이 이루어졌다고 느낀다면, 당신은 그 사람을 진실된 사람으로 인식할 것이며 그것은 곧 상호 간의 신뢰로 이어질 것이다. 즉 서로를 편안하게 느끼며 좋아하게 되는 것이다. 이것은 모든 인간관계와 대화 상황에 있어 가장 좋은 신호라고 할 수 있다.

🌸 같은 눈높이로 세상 보기

상대와 공감하고 교감할 수 있는 가장 기본적인 방법은 그와 같은 눈, 같은 귀, 같은 생각과 감정을 가지고 이 세계를 바라보고 경험하는 것이다. 즉 상대와의 조화로운 동조가 이루어질 수 있도록 자신을 상대에게 맞추는 것이며, 이를 통해 자연스럽게 상대를 이해하게 되는 것이다.

이에 해당하는 가장 자연스러운 예를 우리는 친한 친구들과의 관계에서 찾을 수 있다. 환경이나 관심사 등에 공통분모를 가진 친구들과는 종종 논쟁을 펼칠지라도 궁극적으로는 매우 편안하고 사이좋게 지낼 수 있다. 즉 기본적으로 우리와 '비슷한' 사람들에게 편안함과 친밀감을 느끼기 마련이다. 대체로 일시적이기는 하지만, 낯선 여행지에서 같은 나라나 고향 사람을 만나면 금세 친밀감을 느끼고 단기간에 가까워지는 것도 비슷한 원리라고 할 수 있다.

이처럼 본래 주어진 공통 성향으로 인해 쉽게 다른 사람과 공감할 수 있다면, 마찬가지로 노력에 의해 상대와 어떤 공통적인 성향을 만들어냄으로써 우리가 원하는 사람과 교감할 수도 있지 않겠는가? 이번 장에서는 그것에 대해 이야기해 보려 한다.

🌿 교감을 위해서는 감정이입하고 동조하라

우리는 이 세상에 태어나는 순간부터 누군가와 동조화나 교감을 시작한다. 감정이입은 상대방을 이해하려는 태도에서 시작한다. 그 사람이 보는 눈으로 세상을 보고 그 사람의 슬픔, 기쁨, 좌절, 걱정, 상처까지 모두 내 것처럼 절실하게 느끼는 것이다. 상대방에게 감정이입이 된다는 것은 상대방을 이해하려는 마음과 애정이 있어야 가능해진다. 상대방에 대해 이해가 되지 않을 때, 상대방과 추구하는 목표가 다르면 쉽사리 감정이입이 되지 않는다. 그러므로 감정이입은 상대방에 대한 적극적인 이해와 수용, 인정이 가능하다는 것을 의미하며 이를 통해 상대방과 적극적으로 소통하겠다는 마음의 준비가 된다.

흔히 우리에게는 감정이입 후에 다른 사람과 교감이 일어나고 그 사람과 동조화가 일어난다. 그러므로 함께 오래 산 부부들의 얼굴이 닮아가고, 행동도 닮아 있는 것을 본다. 아이들은 부모들을 따라서 행동하고 사회성을 익히게 된다. 일반적으로 우리는 어머니와 아버지, 형제 혹은 가까운 친구들과 동조화되며, 그들의 목소리, 말투와 행동 습관 등에 익숙해진다. 그리고 나 역시 늘 함께 시간을 보내고 교감하는 이들과 비슷한 행동 패턴과 습관을 갖게 된다. 우리가 살면서 만나는 많은 사람들 중에 본능적으로 편안하게 느끼고 친밀감을 느끼는 사람들은 아마도 그런 부분들이 우리와 유사한 이들일 가능성이 높다. 그리고 그것을 통해 세상을 살아가는 방법을 터득하고 이 사회에 적절하게 어우러질 수 있는 사람으로 성장한다.

따라서 처음 만나는 누군가와 교감하고 싶을 때, 가장 좋은 방법은 그와 감정이입하고 교감하고 동조화하는 것이다. 쉽게 말해서 '상대방과 교감하고 따라하라'는 것이다. 간단하지 않은가. 다만 주의할 것은 따라하라는 말이 결코 가식이나 위선을 가리키는 것은 아니라는 것이다.

상대와 진심으로 교감을 이루고 싶다면, 뭔가에 대해 공감하고 싶다면 당신이 가져야 할 것은 무엇보다도 상대에 대한 관심과 호기심, 관찰과 집중, 상대를 열심히 보고 신중하게 듣고 이해하려는 노력이다. 그런 노력이 있다면 당신은 자연스럽게 상대와 동조화할 수 있게 된다. 상대가 천천히 말한다면 당신도 천천히 말하라. 상대가 다소 흥분되고 들떠 있다면, 그래서 말을 약간 빠르게 하고 제스처를 많이 활용한다면 당신 역시 상대의 상태에 맞춰주는 것이다. 상대가 당신을 진지하게 응시한다면, 당신 역시 그 시선을 피하지 말고 진정으로 그의 눈을 응시해 주도록 하자. 상대방은 당신에게 굉장한 친밀감과 더불어 신뢰감을 갖게 될 것이다.

그 순간은 마치 마법과도 같다. 모든 이들은 상대가 자신과 교감하고 자신의 의견에 공감하며, 진정으로 지지해 주기를 원한다. 얼굴을 맞댄 수많은 소통의 현장에서 그것을 이루지 못하는 외로운 현대인들은 인터넷이나 모바일을 활용한, 소위 '소셜 네트워크'라는 것에서 그것을 찾는다. 그러나 사실은 누구나 내 앞에 있는, 얼굴을 마주하고 손을 맞잡을 수 있는 상대와의 교감을 꿈꾼다.

🌿 열린 자세와 적극적 공감

상대의 이야기를 들을 때 자연스럽게 상대와 동조화되고 교감하기 위해서는 먼저 열린 자세를 취하는 것이 중요하다. 상대에게 자연스럽게 개방된 몸짓과 표정을 보이는 것이다. 눈썹을 올리고 편안하게 상대를 응시하며, 몸은 상대를 향한 채 자연스럽게 앞으로 기울인 자세로 그에 대한 최대한의 관심을 표현한다.

이제 얼굴에는 가벼운 미소를 띤 상태에서 상대의 이야기에 집중하면서 그를 찬찬히 관찰해 보자. 그는 나에게 어떤 자세를 취하고 있는가? 그는 나와 눈을 마주치기를 즐기는가? 목소리 톤이 높은가, 혹은 낮은가? 그의 말은 얼마나 빠르거나 늦으며, 고개를 얼마나 자주 끄덕이는가? 몸짓 언어를 많이 사용하는가?

진심으로 상대와의 교감을 원하고 위의 지침에 따랐다면, 당신은 자신의 반응이 어느새 상대와 비슷한 패턴으로 맞춰지고 있다는 것을 느낄 수 있을 것이다. 억지로 상대방을 따라하라는 것이 아니라, 자연스럽게 상대에게 동조될 수 있도록 자신의 몸과 마음을 열어두라는 것이다.

그 다음에는 상대방의 이야기 속에서 구체적인 말을 선택해 내용을 정리하고 대화를 시작한다.

이를테면 상대방이 "제가 잠시 자리를 비운 사이에 제 좌석이 엉망이 되버렸네요"라고 했다면, "자리가 더럽혀졌다고요? 저런, 큰일이네요. 지금 당장 직원을 보내겠습니다"라는 식으로 이야기한 내용을 정리해 되풀이함으로써 상대방에게 공감하며 듣고 있다는 것을 전달할 수 있다. 특히 이처럼 어떤 불만을 가지고 있는 상황에서는 이러한 반응이 상대의 불만을 상당 부분 해소시켜 줄 수 있다.

또한 이야기 도중 적절한 반응과 함께 상대의 의견에 대한 조심스러운 질문을 하고 그에 대한 대답을 경청함으로써 상대방으로 하여금 자신의 감정이나 발언을 소중하게 받아들였다고 느끼게 할 수 있다. 뿐만 아니라 어떤 사안에 대해 이야기할 때 함께 생각해 보자는 자세, 함께 해결해 보자는 자세를 보여 준다면 상대와 더욱 적극적인 공감이 가능해질 것이다. 열린 자세와 공감은 대화의 시작이요 완성이며 모든 소통의 근원이다.

말 한마디로 상황을 바꿀 수 있는 일이 많은데도 그
말을 하지 않을 때가 많다.

- 노먼 더글러스

말하는 것은 지식의 영역이지만, 듣는 것은 지혜의 영
역이다.

- 격언

그 누구와도 대화를
이어갈 수 있는
언어의 품격

PART 3

적도 내 편으로 만드는
설득의 말

힐링 대화법 :
상대의 마음을 끄는 감성적 말하기

어떤 시기에 유행하는 말을 보면 그 시대를 살아가고 있는 사람들이 무엇 때문에 힘들어 하는지, 무엇을 간절히 바라는지를 알 수 있다. 그런 의미에서 몇 해 전부터 '힐링'이라는 말이 부쩍 유행한다는 것이 무엇을 의미하는 것인지 생각해볼 필요가 있다.

　그러다 보니 TV 프로그램 이름이나 거리의 수많은 간판, 각종 영상 광고와 출판물에서 '힐링'이라는 말을 쉽게 찾아볼 수 있다. 본래 단어의 뜻도 있지만 각종 마케팅과 광고 등에 활용되면서 특유의 이미지가 생겨나 이제는 힐링이라는 말만 들어도 뭔가 편안하고 따뜻한 느낌, 건강한 느낌을 받는 것 같다.

　그러나 본래 '힐링healing' 이란 '치유'를 가리키는 말이다. 즉 누군가 "난 힐링을 원해"라고 말한다는 것은 그가 이미 상처받았음을 뜻하는 것이다. 오늘날 수많은 사람들이 힐링이라는 말을 즐겨 쓴다는 것은, 어쩌면 현대인들 모두가 상처받고 외로운 존재들이라는 공감대가 형성되어 있다는 의미가 아닐까.

외롭고 상처받은 현대인들은 그렇기 때문에 아이러니하게도 서로에게 상처를 입히기가 더 쉽다. 내 상처가 너무 크기 때문에 다른 이의 상처를 눈여겨 볼 여유가 없기 때문일 수도 있고, 무심결에 '내가 받은 만큼 돌려주리라'라는 보복 심리를 갖게 되는지도 모른다. 직장에서 집안에서 우리는 서로에게 상처 주는 말을 하기도 하고, 때로는 원하는 말을 들려주지 않아 상대방을 서운하게 한다. 그리고 누가 먼저랄 것 없이 그 상처와 스트레스를 떠안게 된다. 그것은 이제 더 이상 아무도 대신 짊어질 수 없는 짐이 된다.

그리고 그들은 위안과 치유의 수단으로 다른 무언가를 찾는다. 힐링 마사지, 힐링 수면요법…… 이처럼 다양한 '힐링 콘텐츠'들이 있다. 여행사들은 힐링을 위한 특별 여행 패키지를 만들어 홍보하고 인터넷 TV의 영화 코너에는 '힐링 무비' 섹션이 따로 마련되어 있다.

물론 이처럼 자신을 위한 물리적, 시간적 투자는 필요할 수 있다. 그러나 상처에 대한 공감대가 있는 사람들끼리 서로를 어루만져 주는 것보다 더 효과적인 치유법은 없다. 애초에 문제가 되는 상처를 만들지 않을 수 있다면 더 좋을 것이다.

그렇다면 이제는 서로에게 상처 입히지 않고 아픈 곳을 어루만져 줄 수 있는 '힐링 대화'를 해보는 것은 어떨까?

🌿 감성으로 다가가기

앞에서 이야기한 경청하기, 웃음 띤 얼굴로 적절한 피드백을 전달하기, 공감하기 같은 것들은 힐링 대화의 기본이라고 할 수 있다. 그밖에도 유머를 활용해 재미있게 이야기하거나 상대를 칭찬하는 등의 방법을 통해서도 힐링 대화를 할 수 있는데, 이 것에 대해서는 뒷부분에서 살펴볼 것이다.

결국 모든 것들의 밑바탕이 되는 가장 중요한 포인트는 바로 '감성'이다. 이성적인 학습과 노력으로 이러한 방법론을 따르는 것도 중요하지만 그것만으로는 상대방을 감화시킬 수 없으며, 상대와의 감성적 교감이 이루어지지 않는다면 '힐링 대화'란 하기 어렵다.

힐링 대화의 기본은 '감성'으로써 상대에게 접근하는 것이다. 먼저 나 스스로를 있는 그대로 열어 보이고, 상대의 가장 부드럽고 예민한 구석, 상처받기 쉬운 부분에 조심스럽게 다가가라. 만약 상대를 굴복시키고 내가 이기고자 하는 공격적 대화 상황이라면 이것을 상대의 치명적인 약점으로 파악하고 어떻게 하면 이를 활용해 영리하게 상대를 공격할 수 있을까를 고민하게 될 것이다.

그러나 가만히 들여다보면 상대방의 가장 예민한 부분이 결국 자신의 무엇과도 닮아 있다는 것을 알게 될 것이다. 그것을 솔직하게 인정하고 교감하는 것이 힐링 대화의 시작이다. 그리고 그것은 철저하게 이성이 아닌 감성으로 접근해야 할 것이다.

그렇다면 감성으로 접근한다는 것은 무엇을 의미하는가. 다니엘 골먼이라는 학자는 《감성리더십》이라는 책에서 감성적인 사람은 '자기 자신을 인식하고 자기 관리를 잘하며 타인을 이해하고, 타인과 정서를 공감할 수 있는 사회적인 관계기술이 좋은 사람'이라고 했다. 여기서 가장 중요한 것은 공감능력이다.

감성적이라는 것은 자신의 내면을 깊이 성찰하고 타인의 감성과 현실을 이해하고 배려하는 행위이다.

　말을 할 때 정보전달보다는 감정의 공유와 교감에 초점을 맞추도록 하는 것이다. 이는 내가 말을 할 때는 물론 상대의 이야기를 들을 때에도 마찬가지이다. 이를테면 이야기 속 시점에서 상대방이 느꼈을 감정, 그 이야기를 내게 들려주는 그의 감정적 이유 및 의도, 그가 나와 교감하기를 원하는 감정은 어떤 것이며 내게 어떤 것을 기대하는지에 대해 고민하고 상상하면서 상대의 이야기를 듣는 것이다.

　상대의 말을 들을 때에는 비판적인 시각을 최대한 거두고 자신이 상대방의 입장이라고 상상한다. 모든 이야기가 그에게 최선이었음을 의심하지 않도록 한다. 그리고 중간마다 그를 지지하거나 칭찬하는 표현을 해주는 것도 좋다. 모든 사람은 누군가에게 인정받고 받아들여지기를 원하기 때문이다.

　나를 낮추고 상대를 최대한 존중해주는 것도 중요하다. 내가 옳다는 마음을 버리고, 상대에게 무엇을 강요하거나 상대를 억압하지 않는다. 물론 자신을 지나치게 낮추거나 이질감이 들 정도로 상대를 높이는 표현을 하는 것은 상대에게 진심으로 받아들여지지 않을 뿐 아니라 서로 간에 거리감을 만들 뿐이므로 주의해야 한다.

    이렇게 상대와 감성적으로 접점을 만드는 '힐링 대화'는 자연스럽게 상대와 나 사이의 거리를 좁혀줄 것이며 서로의 상처를 치유하게 할 것이다. 그리고 나아가 우리 자신은 어느 누구와 대화를 하더라도 상처가 아닌 치유의 말을 건넬 수 있는 사람으로 성장할 것이다. 개개인의 소소한 변화들은 점점 엄청난 파급력을 갖게 될 것이며, 그야말로 아름다운 세상 만들기의 시발점이 될 것이라 기대한다. '힐링'이 더 이상 필요하지 않을 정도로.

자아 노출하기 :
자신을 적절하게 노출하기

진짜 듣기와 공감을 통해 상대와 감성이 통하는 관계가 되었다면 이제 여러분은 진정으로 그 사람과 대화는 물론 긍정적인 관계 맺기가 가능해진 것이다. 대화는 상대방을 힐링해 주기도 하지만 대화를 통해 자기 자신이 힐링되기도 한다. 상대방의 기쁨과 슬픔, 신념과 상처를 다 이해하지만 자신의 기쁨과 슬픔, 신념과 상처, 직관과 감성을 꽁꽁 싸맨 채로 있다면 진정한 대화를 통해 감정을 공유하고 있다고 할 수 없다.

자아 노출self-disclosure이란 대화를 할 때 자기 자신이 갖고 있는 정보를 말하고 자아 진술self-description이란 자기 자신에 대해 있는 그대로 정보를 제공하는 것을 말한다. 자아 노출과 자아 진술은 자신이 갖고 있는 정보와 개인적인 비밀을 노출하는 것이기 때문에 진술하는 것 자체가 은밀성과 위험성을 내포하고 있다. 그러므로 자기 자신만 알고 있는 중요한 정보나 자신에 관련된 비밀스러운 이야기들을 상대방에게 노출하는 것만으로도 상대방을 신뢰하고 있으며 좋은 관계를 지속시키고 싶다는 메시지를 전달하는 것이나 다름없다.

조셉과 해리Joseph & Harry라는 심리학자는 나와 타인과의 관계 속에서 자아를 발견하는 심리학적인 방법을 발견했다.

첫째, 나도 알고 남들도 아는 자아가 있다(열린 자아).

둘째, 자신은 아는데 남들은 모르는 자아가 있다(숨겨진 자아).

셋째, 남들은 아는데 자신만 모르는 자아가 있다(눈먼 자아).

넷째, 나도 모르고 남들도 모르는 자아가 있다(모르는 자아).

사람은 누구나 이 4가지 자아가 있는데 타인과 대화를 통해서 감정을 교류하고 피드백을 받으면서 자아를 느낀다고 한다. 이를 조하리의 창Johari's window이라고 하는데 대인관계에서 자신과 타인이 보는 부분이 같을 수가 있고, 다를 수도 있어서 오해를 받을 수도 있다. 사람들은 모두 타인과 대화를 하고 피드백을 받으면서 자아를 확인해 나간다. 타인과 대화 시 적절한 자기 노출은 자신은 볼 수 없고 남들은 볼 수 있는 자아를 확인할 수 있어서 좋고 자신에 대한 신뢰뿐만 아니라 오해를 사전에 예방할 수 있어서 좋다.

그러므로 상대방과 긍정적인 대화를 나누면 상대방이 자신에 대한 신뢰감이 높아질 뿐만 아니라 자기 자신의 자아가 확장되는 것을 느낄 수 있다.

그렇다면 자아 노출은 어느 정도가 적당한가?

이에 대한 해답은 없다. 상황에 따라 적절히 하는 것이 좋으며 지나친 노출은 상대방에게 부담감을 주거나 거부감을 줄 수 있으므로 조심해야 한다.

적절한 선에서 자신을 적절하게 노출하는 것은 장기적인 관계를 맺기 위한 좋은 수단이 될 수 있다.

앞에서 우리는 상대에게 호감을 줄 수 있는 대화를 위해 선택하고 피해야 하는 말들과 필요한 말하기 및 경청의 기술들에 대해 이야기했다. 이를 통해 우리는 상대의 기분을 상하지 않게 말하는 방법, 상대의 말을 경청하고 그에 공감함으로써 감성적으로 상대에게 다가가는 방법을 알았으며, 아마도 지금쯤 독자들은 결국 인간적인 친밀함과 유대가 대화에 있어 가장 중요하다는 느낌을 받았을 것이다.

그러나 만약 그러한 개인적인 관계를 떠나 본다면, 우리가 흔히 말을 잘한다고 생각하는 사람은 어떤 사람인가? 학창시절 쉬는 시간에 같은 반 혹은 다른 반 학생들까지 한 자리에 모여들게 하는 친구가 있었다면, 회식 자리에서 단연 인기를 독차지하는 소위 '달변' '언어의 마술사'가 있다면 그들의 공통점은 무엇인가?

그것은 다름 아닌 '유머'이다. 우리는 흔히 '재미있게' 말하는 사람이 가장 말을 잘한다고 느끼며, 그런 사람에게는 많은 이들이 쉽게 호감을 느낀다. 19세기 미국의 사회개혁가 헨리 W. 비처는 "유머감각이 없는 사람은 스프링이 없는 마차와 같다. 길 위의 모든 조약돌에 부딪칠 때마다 삐걱거린다"라는 말로 유머의 중요성을 이야기했다.

🌿 곤란한 상황을 유머로 승화시켜라

유머는 많은 순간에 그 효과를 발휘한다. 처음 만난 상대에게 나를 어필하는 데에 유머만큼 적절한 도구는 없으며, 어색한 침묵과 체면치레의 순간을 자연스럽게 벗어나게 하는 방법 중 하나이다.

뿐만 아니라 어떤 곤란한 상황에 처했을 때는 물론 협상에서 팽팽한 줄다리기를 할 때에 적절한 유머를 사용하면 상대에게 호감을 사는 동시에 자신의 마음을 다스릴 수 있다. 자신의 불운을 과장하고 비관하는 태도는 주변 사람들을 불편하게 만들며 그것은 곧 자신에게 되돌아온다. 유머 감각을 활용해 자신이 처한 상황을 유연하게 만들고 대수롭지 않게 받아들이는 태도를 습관화하기 위해 유머 감각을 길러두어야 한다. 유머는 곤란한 상황을 승화시키는 것은 물론 협상에서도 좋은 결과를 이끌어 내기 때문이다.

종종 자신의 어려운 상황을 상대에게 짜증과 괴로움으로 어필함으로써 공감대를 형성하고자 하는 이들이 있는데, 이것은 가장 어리석은 방법이다. 당신이 힘든 상황에도 불구하고 웃고 있다고 해서 당신의 문제를 우습게 여길 사람은 아무도 없다. 오히려 그들은 당신의 유머에 함께 웃으며 당신을 성숙한 사람으로 여기고 어떻게든 돕고자 할 것이다. 자칭 국보라고 했던 양주동 박사가 하루는 모 대학에서 여름방학 특강을 끝내고 나오는데, 한 학생이 급히 뛰어 오며 "박사님 오늘 강의가 지난번 강의와 똑같습니다"라고 했다. 그러자 양주동 박사는 "소뼈도 3탕을 하는데 내 강의를 두 번 들었기로 뭐가 서운한가?" 하였다.

🌸 자신의 약점을 유머의 소재로 삼아라

비슷한 맥락에서, 유머가 가장 빛을 발하는 순간은 다름 아닌 자신의 약점을 소재로 삼을 때이다. 자기 자랑은 겸손하면서 간접적으로 하더라도 상대에게 유쾌하지 않게 받아들여지기 십상이다. 그러나 자신의 실수나 실패담에 대한 이야기는 나를 낮춤으로써 은연 중에 상대방을 우위에 서게 하는 것으로 상대방이 기분 좋게 들을 수 있다.

실패담은 그 자체로 재미있기 때문에 웃음을 유발하기 쉬우며, 실패를 객관적으로 보고 그것을 유머로 승화시켰다는 점에서 말하는 사람의 이미지 역시 상승한다. 자신의 허물에 대해 이야기한다고 해서 그 사람이 못나 보이는 것이 아니라, 오히려 그것을 당당하게 이야기할 수 있을 만큼 자신감이 있으며 호감을 주는 사람으로 비춰진다.

그러나 반대로 상대방의 약점을 유머의 소재로 삼았다가는 원활한 대화는커녕 상대에게 상처를 주거나 몰상식한 사람으로 몰리기 십상이다. 농담하는 사람은 장난이라고 한 것이 상대에게는 무례한 공격이 될 수 있으므로 항상 유머의 소재는 안전한 것으로 선택해야 한다. 유머는 그 속성상 누군가를 웃음거리로 만들 때 가장 큰 호응을 얻는 경우가 많기 때문에 늘 인신공격이 되지 않도록 조심해야 한다. 뿐만 아니라 상대방의 상황과 기분 상태에 대해 섬세하게 파악하는 노력도 필요하다. 같은 내용이라 하더라도 개인적으로 처한 상황이나 그 날의 기분에 따라 다르게 받아들여질 수 있기 때문이다.

특정 인물을 희화화하거나 깎아내리는 농담을 해 당사자가 화가 났다면 반드시 그 자리에서 사과하도록 한다. 적반하장으로 "농담인데 뭘 그러냐"라든가 "농담도 못 알아듣냐"는 식으로 응수하다가는 정말 큰 싸움으로 번질 수 있다. 순간적으로 웃음에 지나치게 집중한 나머지 의도치 않게 선을 넘었다는 것, 결코 진심으로 상대를 공격하거나 상처줄 의향은 없었다는 것을 진심으로 표현해 주어야 한다.

나를 공격하거나 내게 무례하게 구는 사람이 있을 때, 이에 대처하는 방법으로도 유머는 매우 효과적이다. 당신의 선천적인 약점이나 뜻하지 않은 실수를 공격하는 사람이 있는가? 또는 남들 앞에서 당신을 깎아내려 망신주려는 사람이 있는가? 그럴수록 감정적으로 대처하지 말고 그 내용을 객관적으로 파악해 웃음 코드로 전환시켜 보자. 상대가 당신의 약점이라고 생각해 공격하는 부분을 오히려 역으로 유머의 소재로 활용한다면, 그는 당신의 대범함과 재치에 기가 죽어 금세 꼬리를 내릴 것이다. 만약 상대가 나의 IQ를 가지고 얘기 한다면 "그렇습니다. 저는 머리가 별로 좋지 않습니다. 비누로 감거든요"하고 위트로 여유있게 응수하라.

🎋 유머는 창의성과 의외성에서 비롯된다

때와 장소, 상대에 맞는 유머를 적절하게 구사하기 위해서는 평소에 많은 노력과 훈련이 필요하다. 평소 매사에 호기심과 관심을 갖고 남들이 생각하지 못한 어떤 반전을 찾는 것을 습관화한다면, 이를 통해 훌륭한 유머의 소재를 찾을 수 있을 것이다. 유머란 곧 창의성과 모방을 기반으로 하는 것이다. 또한 일상 속에서 새로운 것을 발견하거나 재미있는 말을 들었을 때 틈틈이 메모해 두는 것도 좋다.

또한 대부분의 웃음은 언제나 '의외성'에서 비롯된다는 것을 기억하자. 길을 가다 갑자기 크게 넘어진 사람을 봤을 때, 사람들이 웃는 것은 무엇 때문인가? 그 사람이 넘어진 것이 기쁘거나 고소해서는 결코 아닐 것이다. 그것이 바로 의외성 때문에 생겨나는 웃음이다. 따라서 대화 상황에서 상대가 쉽게 생각하지 못한 사소한 부분을 비틀어 의외성을 만들고 유머로 활용한다면 좋은 효과를 거둘 수 있을 것이다. 또는 앞서 언급한 바와 같이 자신의 약점이나 실수담 등을 활용할 수 있는데, 이것 역시 의외성의 효과를 볼 수 있다. 특히 처음 만났거나 불편한 관계에서, 체면을 차리느라 어색하고 낯선 자리에서 그런 농담을 한다면 상대는 그 '뜻밖의 일'에 더욱 즐거워하게 될 것이다.

팀장이 뽑은 신입직원이 실수가 많았다. 이에 다른 직원이 내보냈으면 하는 투로 말하자, 팀장이 응수하여 말하기를 "수박을 사왔는데 씨가 많다고 버릴수 있나"했다.

🌸 지나치면 안하느니만 못하다

그러나 우리가 유머를 사용할 때 명심해야 할 것은, 무엇이든 지나치면 안하느니만 못하다는 교훈이다. 즉 재미있는 이야기를 하는 것은 좋지만, 지나치게 남을 '웃기는' 데에만 집착하면 좋지 않은 결과를 낳을 수 있다.

일례로 이야기를 시작하기 전에 "재미있는 이야기 해줄까?" 라든가 "오늘 진짜 웃긴 일이 있었어" 라는 식으로 미리 재미있는 이야기를 할 거라고 예고하는 것은 좋은 방법이 못 된다. 이 경우 듣는 사람이 미리 그 '재미'를 기대하기 때문에 그것을 충족시키지 못하면 실망감만 남기 때문이다. 이야기를 끝낸 후 "재밌지?" "진짜 웃기지 않냐?"는 등 확인하는 말을 하는 것도 그리 바람직하지 못하다. 당신이 정말 재미있는 이야기를 했다면 이쯤에서 이미 상대방은 웃고 있을 것이므로, 괜히 그 사실을 못 박거나 뒤늦게 강요할 필요는 없을 것이다.

또한 유머는 너무 길지 않게 한다. 재미있는 이야기일수록 짧고 명료하게 함으로써 상대방의 허를 찌르고 웃음을 유발하는 것이 효과적이다. 이야기의 도입부터 결말까지 아무런 생략도 점프도 없이 기, 승, 전, 결까지 다 챙기다 보면 듣는 사람은 지루해질 수 있다. 지나치게 자신의 이야기에 도취된 느낌을 주는 것도 상대방의 흥을 떨어뜨리는 결과를 낳을 수 있다.

성인들 사이에서는 성적인 이야기도 농담의 빈번한 소재가 되는데, 이때 중요한 것은 지나치게 경박하거나 부주의한 느낌이 들기 전에 적절하게 이야기를 마무리하는 것이다. 자칫하면 같은 자리에 있는 누군가를 불쾌하게 하거나 자신의 이미지를 깎아먹을 수 있으므로 주의하도록 한다.

특히 요즘 미투 현상으로 사회적인 잣대가 엄중하므로 아예 하지 않는 게 좋다.

🌿 잘 웃기는 것만큼 잘 웃는 것도 중요하다

대화 상황에서의 유머에 대한 요소들 가운데 가장 중요한 것은 바로 웃음의 분위기를 만드는 것, 쉽게 말해서 '잘 웃는 것'이다. 모든 대화에서 경청과 피드백이 중요하듯, 누군가 농담을 했을 때 적절한 호응을 해주고 웃어주는 사람 없으면 그 유머는 결국 실패한 것이 되고 만다.

즉 잘 웃기는 것만큼 중요한 것은 잘 웃는 것이다. 웃지 않는 사람들 앞에서 농담을 던진다는 것은 누구에게나 힘든 일이다. 그것은 아무리 달변가이고 유머러스한 사람이라 해도 마찬가지이다.

　당신이 지금 재미있는 연극 공연을 보기 위해 어느 소극장의 관객석에 앉아있다고 가정해 보자. 서로의 숨소리까지 다 들리는 작고 조용한 극장 안에서, 사람들은 어떤 극이 펼쳐질지 기대하며 무대를 바라보고 앉아있다. 연극이 시작되고, 곧 나도 모르게 웃음을 머금을 만큼 재미있는 장면이 펼쳐진다. 그러나 극장이 너무 고요한 나머지, 혼자만 웃으면 어색할 것 같아 나도 모르게 웃음을 참는다.

　이때 관객 중 누군가가 먼저 웃음을 터뜨리면, 다른 관객들에게까지 그 웃음이 전해져 이후에는 재미있는 장면이 나올 때마다 자연스럽게 웃으면서 공연을 볼 수 있는 분위기가 형성된다. 그리고 놀라운 것은 배우들 역시 이에 영향을 받는다는 것이다. 웃음과 환호, 박수 소리는 더욱 자유롭게 연기에 몰입할 수 있도록 배우들을 북돋워주며, 결과적으로 배우와 관객 모두에게 만족스러운 공연이 완성된다.

　이처럼 때로는 농담을 잘하는 사람보다 분위기를 고조시켜 누군가가 재미있는 이야기를 하도록 촉진하는 사람이 더욱 그 자리를 화기애애하게 만든다. 무엇보다 스스로 많이 웃고, 상대의 말을 적극적으로 들으며, "그거 재밌네" "그게 정말이야?" "그래서 어떻게 됐는데?"라는 식으로 맞장구를 친다면 상대는 자신의 모든 기량을 발휘해 더욱 재미있는 이야기를 들려줄 것 이다.

적절한 유머의 활용에 대해 이야기하면서, 자신의 약점을 농담의 소재로 삼는 것이 상대에게 친근하게 다가가고 원활한 대화를 하는 데에 매우 효과적인 방법임을 알았다. 이를 통해 짐작할 수 있듯, 상대에게 호감을 주는 사람은 의외로 완벽하고 약점 없는 사람보다는 어딘가 작은 허점이 있는 사람이다.

🌸 작은 허점이 다른 결점들을 가려준다

언제 어디서나 완벽한 모습만 보이려 하는 사람에게는 많은 사람들이 무의식중에 더 냉정하고 가혹한 잣대를 대기 마련이다. 즉 그 완벽이라는 기준에서 벗어나는 허점이나 흠을 찾아내려 하고 공격하게 되는 것이다. 결국 그런 사람은 주변인들에게 친근한 인상도 주지 못하고 허점만 더욱 두드러지게 되어, 괜한 상처를 입고 사람들과 멀어지게 될 수 있다.

반면 지나치게 심하지 않은, 적절한 허점이나 흠을 한 가지 만들어 그것을 어필한다면, 사람들의 시선이 그쪽으로 집중되기 때문에 오히려 다른 허점을 찾아내려 하지 않게 된다. 사람들은 스스로의 허점을 인정하고 그것을 유머러스하게 표현하는 당신의 모습에 친근함을 느낄 것이며, 당신을 경계하거나 시험하려 하지 않는다. 그것은 인간관계에 있어 아주 큰 소득이라 할 수 있는데, 그만큼 상대방이 당신을 편안하게 생각하고 있으므로 어떤 부탁이나 설득, 협상을 하는 상황에서도 한결 수월하게 이야기를 시작할 수 있다.

특히 아직 상대방이 발견하지 못한 자신의 결점이 있다면, 상대가 알아채기 전에 먼저 그것을 인정하고 고백하는 것이 좋다. 어차피 이 세상에 비밀은 없으며, 상대는 결국 그것을 알게 될 것이다. 그러나 스스로 그것을 발견하기 전에 당신이 그것을 고백한다면 듣는 사람은 당신을 정직한 사람으로 여길 것이며, 그 내용에 따라 귀엽고 소탈한 매력을 가진 사람으로 느낄 수도 있을 것이다.

물론 지나치게 큰 결점이나 자신의 근본적인 성격적 결함을 이야기하거나 그것을 과장할 필요는 없다. 이때 스스로 인정하는 결점은 누구나 가지고 있을 수 있는 작은 것, 그리고 노력하고 신경 쓴다면 언제나 개선 가능한 것이어야 한다. 그리고 그 내용이 애교를 느낄 수 있는 것이거나 재미있는 것이면 더 좋다. 그러한 특성은 분명 허점임에도 불구하고 한편으로는 상대에게 매력으로 기억될 것이다.

예전 개그콘서트에 네 남자 이야기가 나왔다. 단연 돋보이는 개그대사는 "누굴 돼지로 아나, 이래 봬도 마음만은 홀쭉하다"가 아닐까?

🌸 '잘 모르겠습니다'라고 말하기

앞의 이야기와 비슷한 맥락에서, 상대방이 하는 말을 듣다가 모르는 내용이 있으면 솔직하게 모르겠다고 인정하는 것이 좋다. 많은 사람들은 남 앞에서 "잘 모르겠습니다"라고 말하는 것을 부끄럽게 생각해 잘 이해가 되지 않음에도 불구하고 적당히 아는 척을 하거나 심지어 자기 자신을 속이기도 한다. 나중에라도 스스로 그것에 대해 찾아보고 보충한다면 그나마 다행이겠지만, 그렇지 않고 그냥 넘어갈 경우 오히려 나중에 더 큰 실수를 하게 될 위험이 있다.

때로는 상대가 대화 내용에 대해 잘 알고 있다고 생각하고 설명을 대강하는 경우도 있는데, 이럴 경우에는 정중하게 "잘 이해가 되지 않습니다. 다시 한번 설명해 주시겠습니까?"라고 묻는 것이 상대의 말하기 방식 자체를 수정하는 데에 도움을 줄 수 있다. 상대방 입장에서도 벽에 대고 이야기하는 것보다는 자신의 말을 이해하는 사람에게 말하는 것이 나을 것이다. 그렇게 해서 서로 간에 원활한 소통이 이루어진다는 느낌이 든다면 더욱 기분 좋게 적극적으로 이야기할 수 있지 않겠는가?

뿐만 아니라 적절한 타이밍에 내용을 확인하고 질문하며 이야기를 듣는 자세는 상대로 하여금 나를 성실한 사람으로 판단하게 하는 효과도 있다. 종종 질문을 했을 때 귀찮아하면서 제대로 답변을 해주지 않는 사람이 있는데, 그런 경우라 해도 확실히 이해가 될 때까지 정중하게 다시 질문하는 것이 좋다.

다만 이때 상대방의 실수 때문에 이야기를 이해하지 못했다는 느낌을 주어서는 안 된다. 최대한 겸손한 자세로, 자신이 잘 이해하지 못했다든가 잘 모르겠다는 점을 어필하면서 질문한다면 누구나 귀찮은 마음을 접고 다시 친절하게 설명을 해줄 것이다.

칭찬하기 친절하기

어린 시절 공부를 열심히 해서 좋은 성적을 받거나, 내 방 청소를 하거나, 어린 동생을 돌봐주는 등 소위 '착한 일'을 했을 때 부모님이나 선생님으로부터 칭찬을 받았던 경험이 있는가? 남들 앞에서 발표나 연주회 등을 하게 되어 청중의 박수소리를 들었던 기억이 있는가? 그러한 경험은 당신에게 어떤 기억으로 남아 있는가? 미국의 데일 카네기는 아홉 가지 잘못을 찾아 꾸짖는 것보다 단 한 가지의 잘한 일을 발견해 칭찬해 주는 것이 그 사람을 올바르게 인도하는데 큰 힘이 된다고 했다.

어쩌면 우리를 움직이게 하는 커다란 동력 가운데 하나는 다른 이들의 칭찬과 인정이다. 철모르던 어린 시절 칭찬의 단맛을 본 아이는 더욱더 착한 아이가 되고 싶어 노력하게 된다. 성인이 되어서도 마찬가지이다. 그 칭찬이 물질적 보상이든 그렇지 않든, 누군가에게 인정받고 칭찬 받는 것은 우리에게 큰 동력이자 보상이 된다.

그것이 누구든 간에 진심어린 칭찬을 받은 사람은 자신의 진정한 가치를 인정받았다는 뿌듯함과 함께 자신이 속한 세계에서 꼭 필요한 존재라는 느낌을 받게 된다. 칭찬은 사람의 마음을 움직이고 활짝 열게 하여 그야말로 마법과 같은 힘을 만들어 낸다.

유명한 작가 마크 트웨인은 "좋은 칭찬을 들으면 그것만으로도 두 달은 살 수 있다"고 하였다,

🌿 칭찬과 친절은 베푸는 이도 행복하게 한다

종종 칭찬을 많이 하면 상대가 자만하지 않을까 지레 걱정해 인색해지는 경우가 있다. 그러나 경박한 아첨이나 거짓말이 아닌 진심이 담긴 칭찬을 한다면 상대는 그 의미를 분명히 파악할 뿐 아니라 칭찬해준 사람에 대해서 고마움과 함께 존경하는 마음까지 갖게 된다. 사람은 누구나 잘못을 저지른다. 아홉 가지 잘못을 찾아 꾸짖는 것보다는 단 한 가지의 잘한 일을 발견해 칭

찬해 주는 것이 그 사람을 올바르게 인도하는데 큰 힘이 될 수 있다 (데일 카네기). 사람은 누구나 자신을 인정하고 알아주는 사람을 따르게 마련이며, 진정으로 상대를 인정하고 칭찬한다는 것이 결코 쉽지 않은 일임을 알기에 그 행위에 대한 존경심을 갖게 될 수 있는 것이다. 만약 두 사람이 같은 능력을 가졌을 때 한 명이 다른 한 명을 칭찬한다면, 언제나 칭찬한 쪽이 더 성숙하고 능력 있는 사람이라고 한다. 즉 상대를 인정해야 나도 인정받을 수 있게 되는 것이다.

칭찬의 진정한 힘은 듣는 사람은 물론 하는 사람에게도 자신의 존재를 확인하고 삶의 만족을 높일 수 있는 길을 열어준다는 데에 있다. 다른 사람에 대한 편견이나 비난을 일삼는 삐딱한 마음은 누구보다도 자기 자신을 괴롭히기 마련이다. 반대로 내가 먼저 상대에게 다가가 친절을 베풀고 칭찬을 건네는 순간 자신의 비뚤어진 마음이 부드럽고 따뜻하게 풀어지는 것을 느낄 수 있을 것이다.

칭찬은 받는 사람뿐만 아니라 하는 사람에게도 그 향기의 일부를 남기게 된다.

🌿 칭찬할 줄 아는 사람이 진정한 리더다

진정한 리더는 상대에게 먼저 다가서고, 그 사람의 좋은 부분을 찾아내 칭찬할 줄 아는 사람이다.

작가 서머셋 모음은 "사람들은 비판해달라고 하지만 정작 듣고 싶어 하는 것은 칭찬입니다"라고 했다. 세계 최대 온라인 증권사 회장 찰스 슈왑은 "누구나 잔소리를 들으며 일하는 것보다 칭찬을 들으며 일하는 것을 좋아합니다"라고 말하며 칭찬 받으면 누구나 그 값을 한다는 것을 강조하고 있다. 직장 상사에게 잘 보이기 위해 아첨하거나 거래를 성사시키기 위해 상대의 비위를 맞추는 것은 칭찬이 아니다. 고작 그런 것을 칭찬이라 여기고 인간관계에 이용하려 하는 사람은 결코 자신을 따르는 이들을 얻을 수 없을 것이며, 언제나 남의 뒤에서 눈치만 보게 될 것이다.

진심으로 다른 사람을 칭찬하기 위해서는 먼저 고정관념과 편견에서 벗어날 필요가 있다. 자기도 모르게 뇌리에 박혀있는 선입관들은 우리가 상대를 온전히 이해할 수 없도록 방해한다. 따라서 '하나를 보면 열을 안다'라는 옛말은 때때로 매우 위험하다. 뭐든 속단하고 결론지어 버리면 그것을 수정하는 일은 처음부터 다시 생각하는 것보다 더 힘들기 때문이다.

앞에서 직장 상사는 부하직원의 말을 도입부만 듣고도 무슨 이야기인지 안다고 믿기 때문에 직원의 말을 끝까지 듣지 않는 경우가 많다고 했는데, 이런 사람은 결국 상대의 진면목을 볼 수 없다. 따라서 상대에 대해 제대로 이해하지 못하고 진심으로 칭찬을 할 수도 없으며, 그런 사람은 어느 그룹에 있든 결코 진정한 리더가 될 수 없다. 아마도 리더는커녕 다른 이들에게 사랑받는 구성원이 되기도 어려울 것이다.

당신의 시야를 가리고 있는 고정관념과 편견을 시원하게 걷어내라. 상대에게는 우리가 생각하는 것보다 훨씬 많은 장점과 미덕, 매력이 있을 것이다. 그러한 것들을 찾아내고 상대의 온전한 가치를 발견해 주는 것이 바로 칭찬임을 잊지 말자.

🌺 사람을 얻는 칭찬의 기술

이제 우리는 칭찬이라는 것이 인간관계에서 얼마나 소중한 관심의 표현이며 우리의 삶을 아름답게 하는 것인지 알게 되었다. 그러나 막상 칭찬을 하려 하면 입이 떨어지지 않거나 진실한 내용조차 마치 거짓인 것처럼 느껴질 정도로 어색하기가 일쑤다. 그것은 평소 칭찬을 많이 해보지 않았기 때문에 어찌 보면 자연스러운 일이다.

그렇다면 칭찬을 잘하기 위해서는 어떻게 하는 것이 좋을까? 어떤 것이 상대방이 진심으로 기뻐할 수 있는, 나 역시 좋은 사람으로 받아들여질 수 있게 하는 좋은 칭찬일까?

일반적으로 칭찬의 내용 및 상황은 크게 두 가지로 나눠볼 수 있다.

첫째, 이미 상대가 스스로 알고 있거나 주변에서 많이 들어왔던 장점에 대해 칭찬하는 것이다. 이를테면 성격이 시원시원하다든가 키가 크고 늘씬해서 모델 같다든가, 머릿결이 좋다든가 하는 것들이 보통 그런 경우에 해당할 것이다. 이 경우 칭찬을 받은 사람은 다소 수줍으면서도 기쁜 감정을 느낄 수 있을 것이며, 자신이 가진 특성 및 장점을 재확인하는 계기가 될 수 있을 것이다.

둘째, 지금까지 스스로 깨닫지 못했던 부분에 대해 칭찬하는 경우이다. 즉 앞의 자아이론에서 남들은 다 알고 있으나 자신만 모르는 자아를 칭찬해서 그 자아를 인식하게 해주는 것이다. 자신은 생각조차 못했던 부분을 다른 사람이 칭찬해주면 '어? 정말? 나에게 그런 면이 있었나?'라고 생각한다. 그러면서 자신도 모르던 자아를 확장하게 되고, 칭찬한 사람은 내 가능성을 발견해준 특별한 사람으로 기억하게 된다. 즉 일반적으로 쉽게 발견할 수 있는 특성이 아닌, 조금 더 관심을 가지고 관찰해야 알수 있는 부분을 짚어주는 것이므로 이러한 칭찬을 받았을 때 상대는 자신에 대한 애정과 관심을 느낄 수 있을 것이다. 이를테면 전화 목소리가 성우처럼 낭랑하다든가 손가락이 참 예쁘다든가, 남을 편안하게 하는 눈빛을 가졌다든가 하는 등의 칭찬이 그런 것들이다. 이러한 칭찬을 받은 사람은 스스로에 대해 모르던 부분을 알게 되면서 남에게 인정받는 영역을 확장시켰다는 기쁨을 느낄 것이고, 칭찬을 한 상대에게 더욱 친밀감을 느끼게 될 것이다.

상대방을 감동시킬 수 있는 칭찬을 하고 싶다면 상대의 특성을 뭉뚱그려 이야기하기보다는 구체적인 근거를 들어 칭찬하는 것이 좋다. "넌 정말 좋은 사람이야"라는 칭찬보다는 "넌 상대방의 말을 참 잘 들어주고, 같이 있는 사람을 편안하게 해줘"
라는 칭찬을 듣는 편이 훨씬 기쁘지 않겠는가?

또한 아주 사소한 것부터 칭찬하는 습관을 들이는 것이 좋
다. 큰 일만 가지고 칭찬을 하려 하면 그만큼 칭찬할 기회가 줄
어들게 되고, 결국 칭찬에 인색해지게 된다. 따라서 일상에서
일어나는 작은 일 하나도 열심히 관찰하고 포착해서 칭찬의 소
재로 삼으려는 노력이 필요하다. 특히 상대가 칭찬받을 거라고
기대하지 않는 의외의 순간에 하는 칭찬은 가장 큰 효과를 발휘
한다.

그러나 칭찬은 간결하게 하는 것이 좋다. 아무리 좋은 이야기
라 하더라도 지나치게 길거나 반복적으로 하는 것은 사람을 지
루하게 만들 수 있기 때문이다. 본래 진지하고 중요한 이야기일
수록 핵심만 간단히 하는 것이 더 깊은 인상을 줄 수 있다.

사람들이 칭찬받기를 좋아하는 것은 기본적으로 타인에게
인정받고자 하는 욕구에서 비롯된 것이므로, 더 많은 이들이 있
는 자리에서 칭찬을 하거나 제삼자를 통해 간접적으로 칭찬을
전달하면 그 효과는 배가 된다. 특히 자신이 없는 자리에서 칭
찬했다는 것을 알게 되면, 그 사람에 대한 신뢰도 역시 한층 높

아질 것이다.

당사자들이 주위 사람들을 칭찬하는 것도 효과적인 방법이
다. 사람들은 자기 자신뿐 아니라 자신이 속한 집단이나 자신
과 관계를 맺고 있는 이들이 인정받고 존중받을 때 자랑스러움
과 뿌듯함을 느끼기 때문이다. 이를테면 연인 사이에 상대방의
가까운 친구들이나 가족을 진심으로 칭찬하는 것 즉, '당신 아
버님은 참 자상하신 것 같아' '너의 집안의 토론문화가 정말 부
럽다'는 칭찬은 서로에 대한 애정을 확인하고 북돋우는 계기가
될 수 있다.

🌿 칭찬으로 대화를 시작하라

대화 상황에서 상대에게 호감을 주기 위한 가장 효과적인 방법
은 바로 상대의 이야기를 경청하고 칭찬하는 것이다. 모든 이들
이 공통적으로 가장 감동하는 순간은 누군가가 자신에게 사랑
을 표현하거나 친절을 베풀 때, 그리고 칭찬을 해줄 때가 아니
겠는가.

어떤 대화를 시작할 때 모든 말에 앞서 먼저 칭찬을 한다면 어떨까? 상대방은 본격적인 대화에 앞서 만족감과 함께 당신에 대해 호의를 가지게 될 것이며, 따라서 그 다음에 이어질 이야기에 대해서도 긍정적인 반응을 하게 될 가능성이 높다.

그렇다고 해서 억지로 의례적인 칭찬을 하라는 이야기는 아니다. 협력적인 자세로 상대의 좋은 점을 보려고 노력한다면 저절로 칭찬할 거리가 생겨날 것이다.

상대는 당신의 친절하고 호의적인 태도에 대해 기쁘고 감사하는 마음을 갖게 될 것이며, 당신을 경계하기보다는 신뢰하고 의지하게 될 가능성이 높다. 그 다음에는 설사 상대의 부족한 점에 대한 이야기나 상대를 설득시켜야 하는 이야기마저도 한결 수월하게 풀어나갈 수 있을 것이다.

나태주 시인의 '자세히 보아야 예쁘다. 오래 보아야 사랑스럽다. 너도 그렇다'는 시구처럼 상대를 긍정의 눈으로 자세히 볼 때 칭찬할 부분이 많이 보일 것이다.

싸우지 않고 이기는 협상화법

'협상'이라는 말을 들으면 우리는 흔히 공적이고 비즈니스적인 것을 떠올리는 경우가 많다. 그리고 왠지 굉장한 스킬을 사용해 상대를 제압하고 내가 원하는 것을 성취하는 행위를 가리키는 말처럼 느껴지기도 한다.

그러나 사실 협상은 우리의 일상 속 어디에나 존재하는 필수적인 기술이며 우리 삶의 일부이다. 물건을 살 때 하는 흥정에도, 친구들과 만나 어디에 가서 무엇을 먹을지 결정하는 과정에서도 협상은 필요하다. 무엇이든 자신이 원하는 것이 있고 그것을 상대에게 요구하고 결정하는 모든 상황이 결국 협상의 과정이라 할 수 있다.

🌸 좋은 협상은 경쟁도 대결도 아니다

이렇게 수많은 협상 상황 속에 살고 있음에도 불구하고, 우리는 협상이라는 것을 어렵게 여기고 낯설어 하는 경우가 많다. 가장 큰 이유는 우리가 무의식중에 협상을 하나의 목표를 이루기 위한 경쟁이나 대결로 여기기 때문이다. 협상을 이렇게 이해하는 사람은 이 과정에서 승자 혹은 패자가 될 수밖에 없으므로, 결코 물러나지 않고 상대를 물리쳐 승자가 되거나 반대로 양보하고 희생함으로써 합의를 이루어야 한다고 믿는다.

하지만 협상은 결코 어떤 승부를 내야 하는 대결이나 싸움이 아니다. 협상은 승패를 가르기 위한 과정이 아니라 어떤 이익을 구현하기 위한 과정이기 때문이다. 따라서 양측 모두가 승자가 되거나 패자가 될 수도 있다.

이런 점을 무시하고 무조건 경쟁적인 협상을 하려는 사람에게는 상대방이 절대적인 경쟁자나 적으로 여겨진다. 상대를 믿지 않기 때문에 상대에게 자신의 입장이나 자신이 원하는 것을 드러내지 않으며, 관계가 단절되고 파괴되는 것을 무릅쓰고라도 철저하게 자신의 이익만을 생각하고 상대를 위협하거나 부당한 압력을 행사하게 되는 것이다.

이러한 경쟁적인 협상 상황에서는 어떤 대의명분이나 합당한 목적이 사라지게 되며, 단지 경쟁적인 싸움만 남게 되어 결국 협상 자체가 실패로 돌아가는 경우가 많다. 이기는 것 자체가 온전한 목표이자 이익이 되는 상황에서 사람들은 자신의 체면 유지 및 승리에의 욕구를 동기로 움직이게 되는 것이다. 즉 더욱 강한 공격과 방어 체제를 발동하게 되어 본래의 목적을 상실하고 불화와 소통의 단절만을 낳게 된다.

🌸 양보만이 미덕은 아니다

성공적인 협상을 위해서는 경쟁과 승리에 집착하는 마음을 버려야 한다. 그러나 반대로 협상이라는 것을 그저 '좋은 게 좋은 거지'라는 식으로 방관해야 할 어떤 것으로 봐서는 안 된다. 덮어놓고 양보하는 것은 결코 협상의 미덕이 될 수 없다.

많은 이들은 협상 상황에서 어느 정도의 양보를 불가피한 것으로 여기며, 자신의 양보가 상대에게 인간적인 감화를 일으켜 결과적으로 나쁘지 않은 조건으로 협상이 이루어질 수 있게 되리라고 기대한다.

즉 합의의 조건들이 자신에게 손해가 되더라도 그것을 불가피한 것으로 여기며 받아들이는데, 상대가 결국 자신의 양보에 대한 대가를 돌려주리라 생각하는 것이다.

그러나 이러한 기대는 오늘날 극한의 경쟁 사회에는 어울리지 않는다. 인간적으로 좋은 관계가 유지된다 해도 상대는 얼마든지 나의 이익을 빼앗을 수 있고 해를 끼칠 수 있다. 그것은 반드시 상대가 나쁜 마음을 먹어서가 아니라, 그만큼 서로의 이해관계가 다양하고 복잡하게 얽혀있기 때문이다.

원하지 않으면 얻을 수도 없다는 것이 협상의 가장 기본적인 원칙이다. 또한 '양보'를 하겠다는 생각도 결국 협상을 경쟁적 대결구도로 파악한 결과이므로, 그보다는 협상에 대한 세심한 윈윈전략이 필요하다.

🌿 경쟁하지 않고도 이기는 방법

그렇다면 협상을 경쟁으로 여기지 않고, 자신이 원하는 바를 성취하기 위해서는 어떻게 해야 할까. 싸우지 않고도 이기는 방법, 경쟁하지 않고도 효과적으로 상대를 설득하는 방법에는 어떤 것이 있을까. 상대방이 자신이 하고 싶은 말만 하고 자신의 의견이 옳다고 우길 때, 내가 하고 싶은 말을 제대로 할 수 없어서 답답할 때, 서로 말이 통하지 않아 답답한 상황에 처했을 때 우리는 속 시원한 소통을 하고 싶어한다.

상대가 어떤 이야기를 할 때, 그것이 내 의견과 다르다고 해서 상대의 말을 자르고 참견하며 내 의견을 주입하려 하면 이미 경쟁적 구도가 가동된다. 이런 경우 상대는 불쾌감을 느낄 뿐 아니라 자존심에 상처를 입고 더더욱 자신의 의견만을 고집하게 된다.

따라서 무엇보다 상대의 말에 진지하게 집중하면서 그가 충분히 말할 수 있도록 기다리는 시간이 필요하다. 그리고 상대방이 자기 의견의 모순점을 스스로 발견해 이야기하고 공감할 수 있도록 유도하는 것이다.

협상은 이성적, 감성적 거래에서 상대방이 손실을 보지 않고 혜택 또는 이득을 보았다고 여기도록 하는 것이다.

그러기 위해서는 먼저 자신의 감정을 조절할 필요가 있다. 상대와 의견이 충돌하거나 대립한다고 해서 흥분하고 화를 내면 협상은 바로 결렬된다. 즉 생산적인 대화가 불가능해지므로 자신의 감정을 최대한 배제하고 상대의 입장을 이해하기 위해 노력한다. 또한 무의식중에 공격적인 자기 방어를 하지 않도록 늘 조심해야 한다.

또한 문제를 최대한 단순화시키면서 상대의 동기를 파악하는 것이 중요하다. 괜한 체면치레나 경쟁심 등을 배제하고 상대가 진짜 원하는 것을 찾는다. 이는 협상의 본질에 접근하는 가장 기본적이면서도 중요한 방법이다.

남을 진정으로 설득하기 위해서는 먼저 자신을 설득할 수 있어야 한다. 즉 자기 자신을 감화시키고 설득할 수 있을 정도로 진실된 고민과 구체적인 사실 근거가 있다면, 그리고 그것을 진심을 다해 상대에게 설명하고 설득한다면 상대에게도 그러한 진심이 전달될 것이다. 또한 대부분의 협상은 상대방이 감정적으로 설득이 되었을 때 이루어지기 때문에 먼저 상대방의 감정을 보살피고 나서 이성적으로 접근하는 것이 좋다.

그리고 상대방과 의사소통할 경우에는 상대방을 진정으로 존중하는 태도로 말을 듣고 난 후에 자신의 의견을 말하거나 질문을 하도록 한다. 상대방이 일방적으로 요구한다고 하더라도 감정을 앞세우지 말고 인식의 차이를 설득하도록 한다.

상대가 설득될 수 있는 주요한 요소들 가운데 내가 활용할 수 있는 것이 무엇인지를 점검해 보자. 일반적으로 신뢰성, 권위, 전문성이나 능력, 호감도, 유익성 또는 명쾌한 설명, 열정과 진정성 등이 설득의 요소들이 된다.

자신의 목표를 밝히고 이해관계를 명확히 말한다. 결국 협상은 상대방의 입장에서 생각하는 것이다.

신뢰성이나 권위를 활용해 상대를 설득하고 싶다면 제삼자의 동의를 활용하는 것이 방법이 될 수 있다. 동석하고 있는 다른 사람을 끌어들여 우회적으로 동의를 이끌어 내거나, 어느 정도 권위나 명성을 갖춘 다른 사람의 의견을 인용함으로써 자신이 주장하는 바를 더욱 강화할 수도 있다. 다만 이때 제삼자의 의견이 혹시 근본적으로 내 의견에 반하는 부정적인 것이거나 오히려 내 주장을 의심하게 할 수 있는 것은 아닌지 등에 대해 꼼꼼히 점검할 필요가 있다.

상대가 입을 수 있는 손실이나 상황의 변화 등을 강조함으로써 상대를 설득하는 방법도 있다. 이것은 보통 상대가 어느 정도 설득이 되었으나 마지막까지 고민하는 경우, 마지막 순간에 상대를 어느 한쪽으로 강하게 밀어주는 역할을 한다. 뿐만 아니라 상대로 하여금 '만약 ……라면'이라는 가정과 상대가 원하는 결과를 마음속에 그리도록 유도함으로써 상대의 욕구를 자극하고 설득을 받아들이도록 할 수도 있다.

또한 대부분의 사람을 움직이는 가장 큰 동기가 본인의 자존심임을 감안했을 때, 상대의 자존감을 높여주고 자부심을 부추김으로써 상대가 설득에 응하도록 유도하는 방법도 매우 효과적일 수 있다.

차원 높은 협상은 상대방의 입장에서 생각하는 것이다.

이런 방법들을 통해 우리는 '싸우지 않고도 이기는' 설득, 효과적인 협상의 대화를 하게 된다. 마지막으로 중요한 것은 모든 일에서와 마찬가지로 모든 과정을 더욱 완벽하게 만들어 주는 '마무리'이다.

결국 상대가 나의 말에 동의하고 협상이 이루어지면, 상대로 하여금 스스로가 바른 결정을 했다고 느끼도록 해주어야 한다. 즉 좋은 결정을 했으며 앞으로 후회하지 않을 것이라는 확신을 불어넣어 주는 한편 적절한 감사의 표현을 해준다.

이때 지나치게 비위를 맞추며 고마워하는 것은 좋지 않으며,

상대가 의사를 번복하지 않도록 상대를 지지하는 범위 내에서 긍정적인 감정 표현을 해주는 것이 좋다. 상대가 "……하기를 잘했다"라는 생각을 하는 순간 그 협상의 결과는 더욱더 공고해진다.

결국 진정한 설득, 진정한 협상은 가장 부드러운 방법으로 이루어진다.

말이 간결해야 어진 사람이다.

－ 율곡 이이

그 누구와도 대화를
이어갈 수 있는
언어의 품격

PART 4

직장에서 가정에서
행복한 말하기

상사와 부하 간의 생산적 말하기

직장 생활을 하는 현대인들의 대부분은 하루 중 최소 삼분의 일 이상을 직장에서 보낸다. 만약 직장에 대한 만족도가 낮거나 직장 내에서의 인간관계에서 불편함을 느낀다면 그의 삶은 굉장히 불행할 것이다.

조선닷컴과 에듀윌 칼럼에 따르면 서울에서 근무하는 회사원들 중 97퍼센트 이상이 자신의 직장 생활에 대해 스트레스를 받고 있다고 응답했는데, 그 중에서도 직장 상사와 동료와의 관계를 그 원인으로 꼽은 사람이 85퍼센트 이상을 차지했다고 한다. 그리고 일반적으로 직장인들의 70퍼센트는 직장을 얻은 지 1~2년 안에 이직에 대해 고민한다. ILO International Labor Organization 의 2000년 보고서에 따르면 미국기업들은 스트레스에 의한 이직, 보상청구, 건강관리 비용으로 연간 2,000~3,000억 달러가 지출된다고 한다. 1인당 연간 7천5백 달러가 들어가는 셈이다.

또 우리나라 연구결과에 의하면 직장에서의 스트레스는 불안감, 업무집중력의 저하, 의욕상실 등 개인적으로는 각종 질환을 유발하고 직장 차원에서는 안전사고, 생산성 감소, 작업장 분위기의 침체, 이직 증가 등을 가져오게 된다.

이것은 무엇을 의미하는가? 안타깝게도 우리는 대다수의 직장인들이 많은 순간 자신의 일터에서 스스로를 불행하다고 느끼기 때문에 자신의 삶에 대해서도 부정적인 인식이 커져가고 있으리라는 것을 짐작할 수 있다. 우리나라 직장인들의 스트레스 해소방법으로는 '잠을 잔다, 술을 마신다, 그냥 참는다, 담배를 피운다, 수다를 떤다, 명상을 한다' 등이 있다. 사실 스트레스를 전혀 받지 않고 직장 생활을 할 수 있다는 것은 불가능하다.

특히 직장 상사와 부하직원 간의 스트레스는 쉽게 해소하기가 어려울 뿐 아니라 면역도 잘 생기지 않는 어려운 문제이다. 대부분의 직장 상사들은 부하들이 스트레스를 받으면 무관심하거나 술을 사주는 것으로 해결하려고 한다.

직장 상사는 무엇보다도 부하직원이 스트레스를 받는 근본적인 원인에 대해서 관심을 보여야 하고 어떻게 대처해야 하는지 함께 노력하고 격려해줌으로써 다시 의욕적이고 진취적인 직장 생활을 영위하도록 도와주어야 한다.

스트레스는 해결책도 중요하지만 원인단계에서 예방하는 것이 가장 좋다. 흔히 직장에서 상사와 부하직원이 갈등하는 경우는 상사의 권위적이고 위압적인 태도와 부하의 반항적인 태도 때문에 많이 발생한다.

어떤 상사는 합리적인 근거를 토대로 부하직원을 설득하거나 그에게 조언하기보다는 권위만을 앞세워 윽박지르고 무안을 줌으로써 직장의 기강을 바로 잡을 수 있다고 믿는다. 이런 경우 부하직원은 상사에 대한 존경심은커녕 반항심만 갖게 되며, 상사에 대한 거부감과 분노 때문에 응당 자신이 개선해야 할 잘못마저도 인정하지 않는 악순환에 빠지기 쉽다. 직장에서 스트레스 예방은 업무 스트레스뿐만 아니라 사람과 사람 간의 관계에서도 발생하므로 무엇보다 구성원들 간의 감성과 정서를 관리하는 것이 좋다. 그러므로 상사는 거친 언행과 태도로 스트레스를 주는 사람이기보다는 부하직원의 불만과 정서를 이해하고 공감하면서 조직의 분위기를 바꾸어 나가야 할 것이다. 또한 상대에 대한 코드를 읽는 것이 무엇보다 중요하다. 그 사람이 갖고 있는 가치관이나 신념, 정서, 문화적 차이, 성격적 특성 등을 이해하고 대화를 해야 한다.

🌸 상사공포증은 누가 만드나

소위 '상사공포증'이라는 말이 있을 정도로, 어떤 직원들은 상사의 강압적인 태도 때문에 응당 해야 할 말이나 행동도 하지 못하고 억눌린 상태로 직장 생활을 한다. 주나라의 정치가 주공周公은 아들에게 "나는 나를 찾아오는 선비를 맞을 때 머리를 세 번 감은 후 고쳐 묶고 달려 나가 맞으며, 밥을 먹다가도 세 번이나 숟가락을 내려놓고 나가 공손하게 머리를 숙여 맞는다. 천하를 가진 자라도 겸손하지 않으면 천하를 잃는다"라며 윗사람이 아랫사람을 대할 때 겸손할 것을 강조하고 있다. 또한 경제학자 피터 드러커는 "유능하고 추진력 있는 리더도 훌륭하지만 진정 훌륭한 리더는 겸손함을 잃지 않으면서 그를 따르는 부하직원들이 올바른 일을 하도록 하는 사람이다"라고 했다.

부하직원들을 이해하고, 직원들이 제대로 된 성과를 낼 수 있도록 촉매역할을 하는 리더는 권위적이기보다는 겸손하다. 또한 부하가 직장 상사에게 공포감을 느끼는 것은 사실 상사의 권위적인 태도 때문이라기보다는 오히려 자기 스스로 상사에게 잘 보이고자 하는 욕구가 지나치게 큰 나머지 스스로 그 중압감을 이기지 못하기 때문인 경우도 많다.

많은 이들은 상사에게 자신의 실수를 최대한 숨기고 업적은 강조하며, 상사의 생각과 반대되는 의견은 되도록 전달하지 않으려 한다. 만약 이런 상황에서 상사가 어떤 실수를 나무라거나 결점을 지적한다면 어떨까.

우리는 보통 자기 자신의 결점을 잘 안다고 생각하지만, 의외로 본인의 단점이나 약점을 많이 알지 못하거나 자기도 모르게 외면하고 있는 경우가 많다. 그리고 설사 잘 알고 있는 결점이라 하더라도 막상 그것을 상사나 선배로부터 지적당하면 순간적으로 자존심이 상하기 때문에 굉장히 억울하고 불쾌해지기 쉽다. 또한 나름대로 열심히 했다고 생각했는데 예상치 못한 부분에서 비판을 받으면 배로 상심하고 충격을 받기도 한다.

🌟 지적과 충고의 기술

누군가의 관찰이나 지적에 의해 자신이 미처 자각하지 못했던 결점을 깨닫고 개선할 수 있는 기회가 주어진다는 것은 감사할 만한 일이다. 물론 때로는 자신의 감정적 분노를 폭발시키는 경우도 있지만, 누군가에게 조언이나 충고를 한다는 것은 그만큼 관심과 성의가 필요한 일이다.

따라서 상사나 선배로부터 주의를 받거나 지적하는 말을 들었을 때 무조건 '왜 잔소리야?'하고 감정적으로 받아들이지 말고, 그 내용을 최대한 냉정하고 객관적으로 되짚어 생각해 보는 습관을 들이는 것이 좋다.

사람은 어떤 분노를 느꼈을 때 스스로 치졸한 느낌을 받지 않기 위해 자기도 모르게 그 상황과 자신의 행동을 합리화하곤 한다. 즉 내 책임을 남에게 전가해 나를 지적한 상사나 선배를 깎아내리고 이상한 사람으로 만들어 버리는 것이다. 그것은 가장 비생산적인 사고과정으로 상대에게도 나에게도, 업무에도 아무런 도움이 되지 않는다.

그러므로 상사가 내게 말한 내용의 핵심이 무엇이며, 무엇이 잘못되었고, 그 지적을 한 상사의 목표가 무엇인지를 명확하게 파악하기 위해 노력을 기울여야 한다. 때때로 아무리 노력해도 상사의 목표나 내게 한 지시의 의미를 완전하게 이해할 수 없는 경우가 있는데, 그럴 때에는 주저하지 말고 그 내용을 확인해야 한다. 이미 한 번 지적 받은 상태에서 또 핀잔을 들을까 두려워

그냥 넘어간다면 나중에는 정말 돌이킬 수 없는 실수를 범하게 될 수 있다.

부처님은 윗사람이 아랫사람에게 싫은 소리를 해야 할 경우 잘못을 지적할 사람이 다음의 다섯 가지를 지켜야 한다고 말씀하셨다(거죄경擧罪經).

첫째, 지적하려는 잘못이 사실이어야 하고, 둘째, 때에 맞아야 하며, 셋째, 이치로써 유익하여야 하고, 넷째, 부드럽고 유하게 하여야 하며 추하거나 까다롭게 하지 않으며, 다섯째, 사랑하는 마음으로 성내지 않아야 한다고 말씀하셨다.

이처럼 직장 상사는 업무에 대한 실수나 오류를 시정하기 위해 부하직원을 지적할 때에는 진실한 자세로 상대방을 아끼는 애정이 우선시되어야 한다. 부하직원의 입장에서는 때로 그 지적이 억울하게 느껴질 수 있겠지만, 스스로 그 지적을 납득하지 못할 경우 스트레스가 쌓이고 자기도 모르게 불만이 밖으로 표출될 수 있다. 그것이 악순환의 시작이 되는 것이다.

상사의 입장을 이해하고 그것에 대해 편안하게 수긍하며 그 내용을 명료하게 이해해 개선하는 모습을 보인다면, 둘 사이의 관계가 상당 부분 긍정적으로 변화할 수 있을 뿐 아니라 업무

실적도 향상될 것이다.

🌼 정중하게 그러나 두려움 없이 나를 표현하기

지금까지 살펴본 바와 같이 보다 긍정적이고 행복한 직장 생활을 위해 상사와의 관계를 개선하는 것은 좋은데, 그럼에도 불구하고 늘 고민스럽고 어려운 부분이 있다. '상사의 말이라면 언제나 긍정적으로 받아들이고 기쁜 마음으로 따라야 하는가?' 하는 질문이 바로 그것이다.

아무리 상사의 요청이라 하더라도 그것을 받아들일 수 없는 확실한 사유가 있다면 최대한 정확하게 그에 대해 표현하고 거절하는 것이 좋다. 흔히 자신의 직장 생활에 큰 영향을 미칠 수 있는 상사의 요청을 거절한다면 앞으로의 직장 생활이 힘들어질까 두려워 우물쭈물하게 되는 경우가 많다. 인간적으로는 물론 충분히 이해 가능한 일이지만, 장기적으로 보면 이것이 오히려 상사와의 관계를 악화시키고 직장에서의 자신이 설 자리를 잃게 되는 결과를 낳을 수 있다.

아무리 상사에게 잘 보이고 싶고 우호적인 관계를 유지하고 싶다 하더라도 내 기본적인 성향, 절대 지켜야 한다고 믿는 것과 그렇지 않은 것에 대한 기본적인 윤리 및 가치관은 숨길 수 없는 것이며 숨겨서도 안 된다. 물론 사적으로 편안한 관계가 아닌 이상 한꺼번에 많은 부분을 보여주고 이해시키기는 어렵겠지만, 함께 일하는 사람들 간에는 결국 오랜 시간동안 차근차근 서로를 알아가는 과정이 필요하다.

상사 혹은 선배를 충분히 존중하고 그들에 대한 예의를 지킨다면, 언제나 진심으로 그들을 대하고 그들의 이야기를 경청한다면, 당신이 어떤 개인적인 성향이나 사유를 가졌다 하더라도 그들 역시 당신을 존중해주는 날이 올 것이다. 그러므로 두려움 없이 자기 자신을 표현하라. 어려운 사람일수록 마음을 열고 상대를 대하라.

만약 상사가 자신에 대해 편견을 가지고 있다고 판단될 때에는 그것에 대해 무조건 감정적으로 반응하기보다는 꾸준히 시정하기 위한 노력을 기울이도록 하자. 물론 상사에 대한 예의와 존중은 중요하지만, 그것을 소홀히 하지 않는 범위 내에서 자신의 생각과 입장을 드러내는 것은 서로 간의 소통을 더욱 원활하게 하고 열린 관계를 구축하는 데에 좋은 원동력이 되어줄 것이다.

🌺 존경받는 상사와 사랑받는 직원의 소통원칙

레드필드Redfield는 조직에서 활용할 수 있는 8가지 의사소통의 원칙을 주장했다.

① 명료성 - 의사전달의 내용이 명확해야 한다.

② 일관성(일치성) - 전달내용의 전후가 일관성이 있고 일치해야 한다.

③ 적시성 - 적절한 시간과 타이밍이 효율적이어야 한다.

④ 분포성 - 전달하는 정보가 대상들에게 골고루 전달, 공표되어야
   한다.

⑤ 적량성 - 적절한 양을 전달해야 한다.

⑥ 적응성(융통성) - 현실에 적합하고 융통성이 있어야 한다.

⑦ 통일성 - 조직구성원의 전체를 대상으로 볼 때 통일된 정보와 표
   현이어야 한다.

⑧ 관심과 수용 - 대상들이 관심을 끌만한 정보여야 한다.

직원의 잘못을 지적할 때에는 자기 자신이 아닌 직원 중심으로 생각해 보아야 한다. 그리고 '결코' '항상' '완전히' 등의 표현을 동원해 극단적인 인신공격을 하는 것은 피하도록 한다. 이를테면 "자네의 태도는 항상 너무 부정적이야" "완전히 틀렸어" 같은 말들은 어떤 구체적인 지적이나 행동방침도 없이 그저 상대를 공격하고 상대의 마음에 상처를 줄 뿐이다.

그렇다면 상사로서 부하직원과의 효과적인 대화를 위해서는 어떤 노력을 기울여야 할까? 어떤 것이 생산적인 코멘트가 되고 바람직한 대화가 될까?

가장 중요한 것은 지적이나 조언을 할 때에는 문제가 되는 행동이 무엇이며 그것이 문제가 된 이유에 대해 부하직원이 명확하게 인지할 수 있도록 설명하는 것이다. 앞서 언급한 바와 같이 상대가 지금까지 해온 모든 일들이나 그의 인격 자체에 문제가 있는 것처럼 뭉뚱그려 인신공격을 하면 상대는 모든 의욕을 잃게 된다.

또한 잘못을 지적하기 전에 적절한 칭찬이나 상대를 인정하는 말을 해줌으로써 상대가 보다 쉽게 비판을 받아들일 수 있도록 유도하는 것도 효과적인 방법이다. 이를 통해 이야기를 하는 사람과 듣는 사람 모두 적절한 균형을 지킬 수 있게 되며, 부하 직원은 상대적으로 거부감 없이 비판을 받아들일 수 있게 된다.

"당신은 ……한 점이 매우 훌륭한데, ……한 점을 개선하면 더욱 효과적일 것 같아요"라는 식으로 상대의 의욕을 북돋우고 동기부여를 해준다면 더욱 효과적일 것이다.

또한 주의를 주거나 질책하는 모든 행위는 앞으로의 개선을 위한 것임을 기억해야 한다. 즉 현재의 '문제'에 대해서만 이야기하고 그것의 개선 방향과 앞으로의 실천 방법에 대해 이야기하지 않는다면 그 대화는 무의미한 것이 된다.

먼저 당신이 바라는 바를 명확하게 이야기하라. 그리고 상대가 생각하는 개선책에 대해 부드럽게 질문함으로써 어떤 개선된 결과가 나와야 하고 어떤 방법으로 그것을 실천할 것인가에 대한 확실한 공감대를 형성할 수 있도록 한다.

미국의 경영학자 리스Reece와 브랜튼Brandt은 실험을 통해 의사소통 유형을 다음과 같이 구분해 놓았다.

① 감정형 - 감정형은 사교성이 높고 독단적인 면은 적은 사람으로 연예인 노홍철 씨와 유사하다. 열정적인 의사소통을 하고 말은 빠

르면서 손을 이용한 몸짓을 많이 사용한다. 자기의견을 표현하는 것을 좋아하고 적극적으로 표현하기도 한다. 상대방의 이름을 부르고 격식을 갖추는 것을 선호하지 않는다.

② 지휘형 - 지휘자형으로 엄격하고 단호하게 말한다. 박명수 씨 같다. 단호하고 강하게 말하고 행동하기 때문에 결단력 있게 보인다. 그러나 진지하게 말하기 때문에 간혹 재미없게 느껴지기도 한다. 상대방을 따뜻하게 대하기보다는 격식을 갖추고 말하므로 냉담하게 보인다.

③ 사려형 - 사려 깊은 말과 태도를 보이며 의사결정을 신중하게 한다. 여러 사람보다는 마음에 맞는 사람과 대화하는 것을 좋아한다. 감정에 대한 통제를 잘하므로 친해지기 어렵다. 정형돈 씨와 유사하다.

④ 지원형 - 상대방이 말할 때 친절하게 호응하며 온정을 표시한다. 세심하고 상대방의 말에 주의를 기울여 경청한다. 친절하며 권력을 사용하지 않으려고 노력한다. 유재석 씨와 비슷하다.

결국 의사소통은 나와 대상, 두 사람 이상의 사람들이 대화하는 것이다. 직장 상사와 부하와의 의사소통은 결국은 좋은 성과를 내기 위해서 필요한 도구이다. 그러므로 좋은 성과를 내기 위해서는 감정을 절제하고 효율적으로 말하는 기술을 필요로 한다는 것을 깨달아야 한다.

가장 효율적인 방법은 상대방으로 하여금 자신이 도움을 받는다는 느낌으로 조언을 듣도록 하고 긍정적으로 그 내용을 받아들일 수 있도록 유도하는 것이다. 또한 적극적으로 개선책을 마련할 수 있도록 함께 고민하며 관심을 가지고 상사가 부하의 장래를 염려하고 미래를 기대한다는 자세를 보여준다면 그 직원은 당신을 존경하고 진심으로 따르게 될 것이다.

동료와의 관계를 돈독하게 하는 말하기

흔히 직장에서 함께 일하는 동료들끼리는 서로의 성격이나 일하는 스타일, 성향 등을 잘 알고 있다고 생각한다. 그러나 직장에 와서 처음 관계를 맺은 이들 간에는 그 관계의 특성상 아주 표면적인 것만을 공유하고 있을 뿐이다.

이들끼리는 웬만해서는 학창시절의 친구들처럼 치고받고 싸우는 일이 없다. 아침저녁으로 정중하게 인사하고 되도록 감정싸움은 하지 않으려 한다.

동료와는 업무적인 부분에서 많은 것을 공유하고 공감할 수 있으며 때로는 동병상련까지도 느낄 수 있는 관계이지만, 한편 선의의 경쟁을 피할 수 없는 다소 특수한 관계라 할 수 있다. 따라서 직장 동료와는 항상 공정하게 경쟁하는 한편 협력하는 관계를 유지하는 것이 가장 좋다.

🌸 서로의 자존심 지켜주기

직장 동료에게 가장 듣고 싶지 않은 말은 자존심을 건드리는 말이다. 어려운 일로 끙끙대고 있을 때 도와주는 것은 고맙지만 "그것도 못해? 이리 줘봐, 내가 해줄게" 라는 식으로 무시하는 말을 한다면, 듣는 사람은 '차라리 내가 혼자 하고 말지'하고 생각하게 될 것이다.

특히 다른 사람들이 있는 공개된 자리에서 동료가 업무상 잘못한 일을 지적하거나 무안을 주는 것은 최악의 실수이다. 종종 남을 격하시킴으로써 자기 자신이 상대적으로 돋보일 수 있다고 생각하는 이들이 있는데, 그것은 말도 안 되는 착각에 불과하다. 혹시라도 순간적으로 그런 유혹을 느낀다면 당신의 그 까만 속을 모두가 들여다볼 수 있음을 기억하고 경각심을 가져야 할 것이다.

또한 직장 동료와의 관계에서는 일정 이상 친한 사이라고 해도 지나친 간섭이나 접근은 조심하는 것이 좋다. 평소 단 둘이 있을 때에는 편하게 하던 이야기도 공적인 자리에서는 유난히 거슬리게 들릴 수 있다.

특히 업무에 대한 부분에 있어서 과한 간섭을 하거나 아는 척을 하면 상대의 자존심을 상하게 할 뿐 아니라 상대로 하여금 나를 경계하게 만들기 때문에 오히려 다른 관계보다 더 소원하고 어색해질 수 있다.

이러한 공적인 집단 안에서는 한 번 멀어진 관계를 회복하는 데에 상대적으로 많은 시간이 필요할 수 있으므로 미리미리 이러한 일이 일어나지 않도록 신경 쓰는 것이 좋다.

🌿 솔직하되 조심스럽게

모든 관계에서 열린 마음으로 솔직하게 상대를 대하는 것은 매우 중요하다. 특히 동료와의 관계는 상사와 부하직원 간의 관계 등에 비해 상대적으로 정서적인 공감이 쉽고 지속적인 협력이 필요한 관계이므로 이러한 열린 마음과 어우러짐이 필수적이라 할 수 있다.

다만 동료와의 원만한 관계를 위해서는 감정을 솔직하게 표현하면서도 상대의 감정이 상하지 않는 표현을 쓰는 것이 중요하다. 물론 마음을 터놓는 것은 좋지만, 솔직함을 무기로 삼지는 말아야 한다는 것이다. 때로 동료 간의 공감대가 어느 정도 형성되었다고 느끼는 순간 갑자기 지나치게 함부로 말을 하거나 상대를 무시하는 행동을 하는 사람들이 있는데, 그것은 결코 솔직함이나 친근함이 아닌 무례함일 뿐이다.

특히 다른 부서의 직원인 경우 잠재된 경쟁심과 부서 간의 이해관계에 대한 인식이 팽배할 수 있으므로 그것을 최대한 건드리지 않도록 주의한다.

동료 간의 대화에서 자주 등장할 수 있는 이야기 소재이긴 하지만, 다른 직원이나 전임자에 대한 불평이나 험담을 늘어놓지 않도록 주의하자. 누군가가 험담을 할 때 동조하는 것도 최대한 피해야 한다.

남을 험담하는 사람은 결국 자기 자신도 험담을 당한다는 사실을 기억하자. 뿐만 아니라 직장 내에는 당신이 보거나 보지 못하는 곳 어디에나 여론이 형성되어 있어, 남을 험담하고 다니는 사람은 결국 좋지 않은 평판을 얻게 된다.

🎋 동료의식을 만드는 공감과 동조화의 기술

직장 생활에서는 무엇보다 협동이 중요하다. 특히 동료들 간의 협력이 원활히 이루어져야만 업무 진행이 잘될 뿐 아니라 팀의 성과도 좋아지고, 상사에게도 인정받게 된다. 이러한 협력을 통해 우리는 때때로 상대와 일종의 일체감을 느낀다. 누군가와 협력해 어떤 성취를 이루었을 때의 순간적인 결속력과 정서적 만족감은 일상적인 상황에서는 쉽게 느낄 수 없는 것이다.

반대로 상대의 취향이나 선호, 생각 등을 파악하고 이해함으로써 일체감을 느끼고, 이를 통해 더욱 효과적인 협력이 가능해질 수도 있다. 정서적, 감정적 공감대가 없는 상태에서 만난 지 그리 오래 되지 않은 동료들 간에 갑자기 끈끈한 협력을 이룬다는 것은 쉽지 않다. 따라서 평소 동료들 간에 정서적인 공감대가 형성되고 교감이 이루어진다면 업무상의 협력 역시 훨씬 원활해질 것이며 직장 생활의 감정적 만족도도 높아질 것이다.

우리는 앞에서 다른 사람과 교감하는 데에 동조화가 매우 큰 역할을 할 수 있음을 알았다. 직장 동료와 대화할 때 역시 상대와 공감하고 교감하기 위해서는 상대방과 자신의 공통점을 찾는 것이 중요하다. 상대방과 자신의 공통점은 상대에 대한 관심, 열린 자세로 상대를 관찰하는 노력과 대화를 통해 발견할 수 있다.

상대와의 공통분모를 찾았다면 그것을 토대로 상대에게 친밀감을 표현하며 대화를 시도해 보자. 특히 상대의 의견에 대해 긍정적인 피드백을 해주는 것이 대화를 원활하게 이어가는 데에 효과적인 작용을 할 것이다. 상대의 소소한 어떤 부분을 칭찬하거나 상대의 의견에 대해 적극적으로 동의하는 것도 좋다.

즉 어떤 방식으로든 상대에게 관심을 가지고 있고 그의 능력을 알고 있으며 인정하고 있음을 표현해 주는 것이 좋다. 이를테면 "어제 늦게까지 일하셨죠? 정말 아무나 못하는 일인데 대단하세요!" 라는 식으로.

그리고 무엇보다 동료 간에 정말 끈끈한 관계가 될 수 있는 방법은 우리가 '함께'임을 강조하는 것이다. 이를테면 "우린 한 배를 탄 거예요" 라든가 "그건 우리가 함께 이뤄낸 거죠"라는 식으로 동료 간의 관계는 물론 함께 한 성취나 나아갈 방향을 강조하는 표현을 해보자. 동료나 타인과 대화를 지속한다는 것은 그 사람과 지속적인 유대관계를 갖고자 하는 것이다. 참고로 사회학자인 바이스테크Biestek는 사람사이에 좋은 관계를 위해서는

7대 관계법칙이 필요하다고 했다.

① 개별화
② 의도적인 감정표현
③ 통제된 정서적 관여
④ 수용
⑤ 비심판적 태도
⑥ 자기결정
⑦ 비밀보장

그것은 서로 간에 강한 동료의식을 만들어줄 것이며, 나아가 혼자서는 결코 이룰 수 없는 것을 성취하게 도와줄 것이다.

🌸 서로의 허물을 감싸 안을 때 진정한 동료애가 싹튼다

당신의 직장 동료가 잘못된 행동으로 문제를 일으키거나 지속적으로 나를 비롯해 다른 동료에게 상처를 주는 경우, 당신은 어떻게 하겠는가?

만약 상대와 괜한 마찰을 일으키고 싶지 않거나 상대의 마음을 상하게 할까봐 아무 말도 하지 않고 넘어간다면, 결국 문제는 해결되지 않은 채 감정의 골만 더 깊어지게 된다. 문제를 일으킨 사람이 그것을 모르고 있다면 오히려 그것을 당연시하게 되어 문제가 되풀이되거나 심화될 수도 있다. 반대로 본인이 스스로 그 상황을 인지하고 있는 경우라면 오히려 그 자신이 소외감을 느끼고 삐뚤어질 우려도 있다.

사람은 누구나 자신의 허물을 온전히 볼 수 없지만, 그것을 약간이라도 인식하게 되면 보통은 마음에 불안과 가책을 느끼기 마련이다. 그것을 모르는 척하는 것은 그런 불안 속에 동료를 혼자 내팽개쳐 두는 것과 같다.

따라서 그러한 불안감과 외로움을 공유하고 대화로서 해소시키며, 발전적인 개선책에 대해 함께 고민하는 시간이 필요하다. 바로 이러한 과정을 통해 진정한 동료애가 싹트는 것이다.

부모와 자녀 간의 따뜻한 말하기

부모와 자녀는 이 세상 어디에도 존재하지 않는 가장 특별하고 가까운 관계이다. 즉 한쪽은 다른 한쪽을 이 세상에 존재하도록 만들었으며 다른 한쪽은 상대를 통해 생명을 얻었다. 그만큼 이 세상 어떤 관계와도 비교할 수 없는 가장 깊은 사랑을 할 수 있는 것이 부모와 자녀이며, 아무리 멀리 있어도 결국 가장 가까이에 있는 관계가 바로 부모와 자녀 간의 관계다.

🌸 가깝고도 먼 사이

그러나 아이러니하게도 그렇기 때문에 더욱 바람직한 대화를 이어가기 어려운 관계가 또 부모와 자녀 간이다. 상당수 가정의 부모, 혹은 자녀들이 대화의 결핍을 느끼고 그에 대해 고민한다. 그럼에도 불구하고 한순간에 이를 타파하고 먼저 다가서기란 쉽지 않다.

우리나라 청소년이 하루 동안 부모와 대화를 나누는 시간은 평균적으로 30분이 채 되지 않는다. 청소년기를 지나서도 마찬가지다. 그나마도 현실적인 생활에 관련해서 어머니와 나누는 대화가 대부분이고 아버지와의 대화는 거의 없다.

일상적인 대화가 줄어들면 줄어들수록 갑자기 어떤 화제에 대해 말을 꺼내기가 어색해지고 그럴 생각을 하지 않게 된다. 부모는 대부분 필요에 의해 지시하는 말, 일방적으로 훈계하는 말만을 하게 되고, 이에 따라 자녀는 더욱 부모의 말에 귀 기울이지 않게 되는 것이다.

🌸 가장 일반적인 '잔소리'

부모가 자녀에게 하는 꾸지람이나 훈계를 반항기의 자녀들은 흔히 '잔소리'라 일컫는다. 우리는 모두 다른 부모 아래에서 태어났음에도 불구하고, 실제로 잔소리의 패턴은 놀랍게도 비슷하다.

자녀와의 바람직한 대화를 위해서는 결코 좋은 방법이 아닌 잔소리들이 어느 샌가 가장 '일반적인' 부모의 대사처럼 되었다는 생각이 든다. 드라마 등 매체를 통해 흔히 볼 수 있는 부모의 모습 역시 크게 다르지 않다.

자녀와의 대화에는 철저하게 안 좋은 영향을 미치지만, 우리의 인식 속에 너무나 익숙하게 '부모의 대사'로 각인되어 있는 말들로 다음과 같은 것들이 있다.

첫째, 일방적으로 명령하는 말이다. "당장 공부해라"라든가 "밥 먹어라" "씻어라" "일찍 들어와라" 등……. 부모가 자녀에게 하는 말의 거의 대부분이 이렇게 명령하는 말이라는 것이 놀랍지 않은가? 이렇게 일방적으로 명령하는 말들은 자녀가 스스로 판단하는 능력을 차단하고 부모에게 의지하게 만들 수 있으며, 둘 간의 관계를 삭막하게 만든다.

둘째, 다른 대상과 비교하는 말이다. "누구네 집 딸은 ……하다던데 넌 왜 이러니?"라든가 "형은 저렇게 알아서 잘하는데 넌 뭘 보고 배운 거니?"라는 식으로 자녀에게 핀잔을 주는 말은 자녀가 열등감에 빠져 모든 의욕을 잃게 만들 수 있는 가장 위험한 말이다.

특히 어린 자녀일수록 자기 자신에 대한 판단이나 자신감이 대부분 부모의 평가에서 비롯되기 때문에 부모가 무심코 던진 한마디 말로 인해 자아에 큰 상처를 입을 수도 있다. 뿐만 아니라 비교대상이 되는 사람에 대해 미워하는 마음이 자라게 되는데, 이 역시 매우 부정적인 결과라 할 수 있다.

셋째, 자녀를 위협하는 말이다. "너 한 번만 더 그러면 ……할 거야"라는 식의 말인데, 이는 마치 직장 상사가 자신의 권위를 내세워 부하직원을 윽박지르는 것과 비슷한 효과를 낳는다. 즉 부모로부터 이렇게 위협하는 말을 들은 자녀는 부모를 한층 더 멀게 느끼게 되며, 그러한 권위주의에 대해 강한 적개심과 반발심을 갖게 된다.

넷째, 설교하고 추궁하는 말이다. "너 도대체 무슨 생각으로 그런 일을 한 거니?" "네가 뭘 잘못했는지 알겠지? 다시 똑같은 잘못을 하면 절대 안 돼. 내 말 명심해" 같은 말들은 자녀로 하여금 부모가 자신을 한심하게 생각하고 미워하는 것은 아닐까 고민하게 만든다. 따라서 한없이 자신감을 잃고 열등감에 빠지게 되며, 삶의 활기를 잃고 그 어떤 것도 도전하거나 시도하고 싶지 않다고 느끼게 될 수 있다.

다섯째, 비난하고 비꼬는 말이다. 이를테면 "너 도대체 앞으로 뭐가 되려고 그래?" "너 정말 바보니? 그것도 몰라?" 같은 말들로, 이 역시 자녀를 소심하고 소극적인 아이로 만든다. 뿐만 아니라 지속적으로 이런 비난을 들은 자녀는 끊임없는 자기 비하에 빠져 냉소적인 성격으로 변할 우려가 있다.

잔소리 대신 집에는 다음 세 가지의 소리가 있으면 좋겠다. 책읽는 소리와 웃음소리, 그리고 노래소리이다. 이런 소리는 자녀를 더욱 성장시키고 마음도 키워준다.

🌸 자녀와의 대화가 어려운 이유

부모와 자녀 간의 대화에서 이를 보다 바람직한 방향으로 이끌어갈 책임은 상대적으로 부모에게 더 크게 있다. 부모 역시 머리로는 자녀도 하나의 인격체로 존중해줘야 한다는 생각을 할 것이다. 그러나 막상 일상 대화에서 이를 실천하기란 쉽지 않다.

모든 대화와 마찬가지로 부모와 자녀 간의 대화에서도 부모는 자녀가 무엇을 원하는지, 무엇에 대해 대화하기를 원하는지에 대해 정확하게 파악하고 이해할 필요가 있다. 자녀에 대한 관심과 사랑은 좋지만, 아무리 그것을 바탕으로 한 이야기라고 해도 잔소리나 훈계는 대화라고 할 수 없다.

자녀에 대해 더 깊이 이해하고 그 입장에 서기 위해서는 먼저 자녀의 이야기를 경청하는 시간이 필요하며, 이를 토대로 진심으로 공감하기 위한 노력을 기울여야 한다. 저녁 식사 시간, 주말에 함께 하는 산책이나 운동 시간을 활용해 대화를 해보자. 오로지 자녀와의 대화만을 위해 자신의 시간과 정신적 에너지를 투자하는 것이다.

일반적으로 집안에서의 대화는 굉장히 쉽게 시작되고 쉽게 중단되는 경우가 많다. 감정적으로는 상당히 중요한 이야기임에도 불구하고 일상 속의 어떤 소소한 사건이나 우리의 집중을 흐리는 주변 환경에 따라 그 이야기들이 흔적도 없이 사라지는 것이다.

그러나 모든 대화에서 상대가 내게 중요한 사람임을 인지시키고 긍정적인 대화를 만들어가기 위해서는 그 대화 상황에 철저하게 집중할 필요가 있다. 오늘 당신의 자녀가 모처럼 꺼내기 힘든 말을 꺼냈다고 가정해 보자. 당신은 처음에 그 이야기를 잠깐 듣는가 싶더니, 갑자기 물이 끓는 소리에 부엌으로 달려간다. 잠시 후 다시 자리에 앉은 당신에게 아이는 이야기를 시작하는데, 이번에는 세탁소에 맡겼던 세탁물 배달이 와서 받으러 나간다.

당신이 다시 자리로 돌아왔을 때엔 이미 당신의 자녀는 이야기할 의욕을 상실했을 것이다. 어쩌면 이미 TV라도 켜고 앉아있을지 모른다. 그리고 안타깝게도 오늘의 대화는 여기까지이다.

자녀와의 바람직한 대화법

당신이 당신의 자녀와 나눌 수 있는 바람직한 대화란, 당신의 자녀가 인간적으로 성장하게 도울 뿐 아니라 당신이 그와 같은 편이라는 것을 느끼게 할 수 있는 대화이다. 즉 그 대화를 통해 당신이 자녀를 무척 사랑하고 있으며 언제 어디서나 지지한다는 것을 무의식중에 인지할 수 있도록 해야 한다.

그런 의미에서 비평은 자녀에게 이롭지 않다. 대부분의 경우 자녀들에게 필요한 것은 '격려'이다. 물론 부모의 가장 큰 역할은 올바른 행동과 그렇지 못한 행동의 기준을 분명하게 일깨워 주는 것이며, 나쁜 행동은 분명하게 금하고 좋은 행동을 권장하는 것이다. 그 기준은 무척 확고해야 하며, 그것을 자녀에게 전달할 때에는 마음을 다해야 한다.

그러나 사람은 언제나 성공했을 때보다는 실패했을 때 자신을 지지할 누군가를 필요로 하며, 누군가의 믿음과 지지를 딛고 포기하지 않고 성장하기 위한 용기를 얻는다. 부모가 그것을 주지 않는다면, 누가 줄 수 있겠는가?

자녀와의 대화에 있어 가장 기본이 되며 중요한 것은, 자녀로 하여금 부모가 자신의 말을 경청하고 깊이 공감하고 있다고 믿도록 하는 것이다. 자녀에게 이런 믿음이 있다면, 이후의 대화는 한결 따뜻하고 수월하게 된다.

그렇다면 자녀에게 어떻게 당신의 진심을 전달할 것인가? 가장 단순하면서도 효과적인 방법 가운데 하나는 자녀가 한 말을 집중해서 들은 뒤 그것을 반복해서 다시 표현해 주는 것이다.

당신의 자녀가 울면서 당신에게 "친구가 자꾸 놀려요"라고 말했다면 당신은 어떻게 하겠는가? 우선 상황이 파악될 때까지는 울고 있는 아이에게 감정적으로 동조해 주는 것이 좋다. 다만 잘잘못에 대한 판단이나 표현은 삼가고 당신이 아이의 말을 진지하게 듣고 이해했다는 것만을 확실하게 표현해 주도록 한다.

그것을 표현하는 효과적인 방법이 바로 '반복하기'인데, 이를테면 "친구가 널 자꾸 놀린단 말이지"라는 식으로 당신이 상황을 분명하게 이해하고 있으며 인정하고 있다는 것을 보여준다.

이보다 한 차원 더 나아가 자녀의 의견과 감정을 지지해 주고 싶다면, 일련의 사건으로 인해 당신의 자녀가 느꼈을 감정적 변화 혹은 무의식적 욕망 등을 파악해 그에 반응해 준다. 자녀는 자신이 한층 더 이해받고 있다는 느낌을 받게 될 것이며, 설사 당신이 자녀의 속내에 대해 잘못 짚었다 하더라도 그 진심만큼은 전달될 수 있을 것이다.

이를테면 자녀의 "친구가 자꾸 놀려요"라는 말에 대해 "저런, 친구가 자꾸 놀리니 속상하겠구나"라고 반응하는 것이다. 이렇게 자신의 감정에 대해 이해하고 관심을 갖는 부모의 반응을 접할 경우 자녀는 자신이 실제로 느낀 감정의 실체에 대해 보다 편안하게 접근할 것이며, 부모가 자신을 지지한다고 믿으므로 이것을 가감 없이 드러낼 수 있게 될 것이다. 또한 자녀를 내 소유물이 아닌 동등한 인격체로 대해줘야 한다.

이것이 바로 부모와 자녀 간의 감정적 교감의 시작이며 바람직한 대화의 기본이 되는 것이다.

특히 어린 자녀와의 대화 상황에서는 자녀가 자신의 의견이나 감정을 표현하되 그것이 정확하게 무엇을 뜻하는지 정리하지 못한다면 당신이 그것을 도울 수 있다.

이를테면 자녀가 "국어 선생님은 좋은 분이에요. 저한테 책도 주시고, 모르는 것도 잘 설명해 주시고……" 라고 한다면, 당신은 "너는 국어 선생님을 좋아하는구나"라고 반응할 수 있을 것이다. 즉 지나치게 주관적인 당신의 의견을 포함시키지 않도록 주의하되, 자녀가 산만하게 중구난방으로 표현하는 어떤 상황이나 감정을 단순명료하게 정리해 주는 것이다.

이러한 방법을 통해 자녀 스스로가 자신이 느끼고 있는 감정이 무엇이며 자신이 하고자 하는 이야기가 무엇인지 찾아갈 수 있도록 도울 수 있다.

"아들아 딸들아 사랑한다" 라는 말속에서 세상의 거친 파도를 헤쳐나갈 힘을 얻게 된다.

행복한 부부생활을 위한 말하기

매일 얼굴을 마주하며 살다 보면 어느 순간 자기도 모르게 안일한 생각에 빠지게 된다. 나는 상대에 대해 더 이상 알 필요가 없을 정도로 잘 알고 있으며, 상대 역시 나에 대해 그러리라는 판단에서이다.

한 번 이런 식으로 생각하기 시작하면 그 관계의 속성을 한 단계 업그레이드 시킨다든가 더욱 친밀한 것으로 만들기 위한 노력에 소홀하게 된다.

위험한 것은 나 역시 상대에게 무신경해지고 상대에 대해 알려고 하거나 상대를 더 사랑하기 위한 노력을 하지 않음에도 불구하고 상대의 변화에 대해서는 서운함과 배신감을 느낀다는 것이다. '전에는 안 그랬는데 지금은 왜 이래?'라든가 '변했어'라는 생각은 끝없는 오해와 불만, 나아가 미움을 낳는다.

처음에는 사랑하는 사람끼리 한 지붕 아래 산다는 것만으로도 행복하고 감사한 일이었지만, 사람은 누구나 익숙해지면 그 소중함을 잊기 마련이다. 그러면서 애틋함이 사라지고 서로 간에 대화가 사라지며, 서로의 마음과 감정을 표현할 기회를 잃어 간다. 좋은 점을 보던 눈은 점차 단점을 보게 되면서 부부싸움이 시작된다.

어떻게 하면 이러한 고루한 패턴에서 벗어날 수 있을까? 소중한 것을 정말 소중하게 여기고 시간이 지날수록 적극적인 대화가 가능한 부부관계를 만들어갈 수는 없을까?

🌿 남자와 여자, 남편과 아내

남자와 여자는 대화를 하는 목적과 방법이 다르며 사용하는 언어에도 차이가 있다. 모든 사람이 완벽하게 이에 적용되지는 않지만, 남자는 주로 '정보를 위한 대화', 즉 어떤 사실과 그것에 대한 의견을 나누고 문제를 해결하기 위한 대화를 하는 경향이 있다. 반면 여자는 상대적으로 남자보다 언어 능력이 발달해 있으며, 주로 '공감을 위한 대화'를 하고자 하는 성향이 강하다.

그래서 한국 남편들에게 무뚝뚝하다고 하는 것이다. 특히 정보와 사실만을 전달하는 대화를 주로 하고 정서적 공감을 얻기 어려운 직장 생활을 통해 그러한 성향은 더욱 강해질 수밖에 없다.

남성은 감정을 억제하거나 가능한 한 배제하면서 대화하는 것에 익숙하며, 여성은 많은 대화를 친교적인 목적을 위해 하기 때문에 상대적으로 감정의 표현에 능숙한 경우가 많다. 따라서 부부 간의 대화에 있어서도 여성은 인간적인 유대와 공감에 좀 더 초점을 맞추는 반면, 남성은 사실 관계에 집중한다.

예를 들어 "이번 주말에 친구들하고 낚시를 다녀올 생각이야"라는 남편의 말에 아내가 "이번 주말에요? 난 이번 주말에 아이들과 함께 어딜 좀 다녀오려고 했는데. 왜 그런 걸 미리 상의해주지 않는 거예요?"라고 한다면?

남편은 아내가 왜 자신에게 서운해 하는지 이해하지 못한다. 오히려 '왜 갑자기 화를 내는 거야? 내가 내 스케줄 하나 마음대로 결정 못하나?' 하는 생각에 "내가 약속을 잡을 때마다 일일이 당신 허락을 받으란 말이야?"하고 쏘아붙일지도 모른다.

그러나 이러한 반응은 아내에게 큰 상처가 될 수 있다. 아내는 남편이 자신에게 허락받기를 원하는 것이 아니라 사소한 것까지도 서로 상의하고 의논하기를 기대한 것이다. 아내는 자신의 기대에 비해 남편이 자신을 중요하지 않게 생각하고 있으며 둘 사이가 그만큼 가깝지 않다는 것에 대해 상심한 것이다.

그러나 남편은 순간적으로 아내가 자신을 통제하고 구속한다는 느낌 때문에 분노를 느꼈으며, 아내가 느낀 감정에 대해서는 파악하지 못했다.

이처럼 부부 간의 갈등은 아주 사소한 오해와 입장 차이에서 비롯된다. 특히 부부싸움은 실질적인 의견이나 가치관의 차이보다는 대화 스타일, 언어 사용의 차이 등에서 비롯되는 경우가 많다.

🌸 삼가해야 할 말들

앞 장에서도 언급했던 바와 같이, 모든 대화에서 '절대' '단 한 번도'와 같은 극단적인 표현은 삼가는 것이 좋다. 부부 간의 대화에 있어서도 이러한 표현 때문에 별 것 아닌 일이 큰 싸움으로 번지는 경우가 많다.

이를테면 "당신은 술만 먹었다 하면 항상 새벽에 들어오잖아요"라는 말에 즉각적으로 하기 쉬운 반응은 "내가 언제 항상 그랬나?"이다. 물론 지난 시간동안 반복된 상황에 대해 스트레스를 받았거나 서운했을 수 있겠지만, 객관적인 상황 판단이나 상대의 입장에 대한 이해를 배제하고 자기 입장에서의 서운함만 강조한다면 바로 감정적인 갈등으로 번질 소지가 크다. 이럴 때에는 극단적으로 상황을 왜곡해 표현하기보다 오히려 감정적으로 서운한 마음을 솔직하게 표현하는 것이 상대에게 자신의 감정을 이해시키기에 더욱 효과적일 수 있다.

나이가 또래이거나 오랜 연애 끝에 결혼해 친구 같이 편안한 부부 관계는 서로가 자연스럽게 자신의 의견을 표현하고 많은 것을 공감하기에 더할 나위 없이 좋다. 다만 지나치게 서로가 편한 나머지 장난이랍시고 상대를 함부로 대하거나 지나치게 상대를 무시하는 표현을 쓰는 것은 조심해야 한다.

🌿 인신공격은 절대 하지 마라

무조건 비판부터 하고 보거나 매사에 '당신 때문'이라는 핑계를 대는 것은 절대 피해야 한다. "당신 닮아 애가 저 모양이지"라든가 "내가 왜 당신 같은 사람과 결혼했는지 몰라"와 같은 인신공격형 발언은 상대방을 작아지게 할 뿐 아니라 두고두고 상처로 남게 된다.

가깝고 소중한 사이일수록 아무리 화가 나는 상황이라 해도 최악의 표현은 절대 쓰지 않아야 한다. 그 후에 아무리 후회하고 사과한다 해도 한 번 뱉은 말은 사라지지 않는다. 즉 서로 간의 관계가 호전된 후에도 한 번 들은 말은 기억에서 완전히 지워지지 않기 때문에 모든 것을 잊고 용서하겠다고 다짐한 이에게는 그것이 고통이 된다.

때로는 그것이 자기도 모르게 상대에 대한 불만으로 쌓여 생각지 못한 순간에 표출되기도 하는데, 그런 상황을 예상치 못했던 상대방은 오히려 더 큰 상처와 배신감을 느끼게 된다. 이러한 악순환을 만들지 않기 위해서는 처음부터 상대에 대한 공격적 발언을 철저하게 조심하는 것이 좋다. 칼로 밴 상처보다 말로 밴 상처가 훨씬 더 아프고 오래가기 때문이다.

🌿 과거를 보는 시각

물론 처음부터 잘못을 저지르지 않고 상대를 서운하게 하지 않았다면 좋겠지만, 사람은 누구나 실수를 한다. 따라서 실수 그 이후에 둘의 관계를 잘 이어가는 것이 모든 인간관계에서의 가장 큰 숙제이다.

이미 지난 과거의 일을 계속해서 끄집어내 상대를 공격하는 데에 이용하는 것은 부부 간에 쓸데없는 갈등을 유발하는 대표적인 원인이 된다. 서로 사과하고 좋게 마무리했던 일은 깔끔하게 잊는 것이 좋으며, 혹 그 다음에 비슷한 실수를 하더라도 그것은 새로운 관점에서 바라보고 대화하도록 노력하자.

특히 어떤 잘못이나 실수를 그 사람의 '구제불능의 성향'으로 만드는 이야기는 상대를 풀 죽게 할 뿐, 그 사람의 부족한 부분을 개선하는 데에도 둘 간의 관계에도 아무런 도움이 되지 못한다. 즉 어떤 문제가 발생하거나 상대가 실수를 저질렀을 경우, 눈앞에 놓인 그 상황 자체에 대해서만 이야기하는 것이 현명하다. 당신의 파트너는 결코 '구제불능'이 아니다.

🌿 네가 내 맘을 알아?

때로는 상대의 감정을 추측하는 말, 상대의 마음을 이미 다 안다는 식으로 하는 이야기 때문에 엉뚱한 갈등이 일어나기도 한다.

특히 남녀 간에는 대화 스타일 뿐 아니라 감정 표현의 방식과 우선시 되는 가치 등에 차이가 있기 때문에, 자신의 감정이나 사고 과정에 대해 차근차근 설명하고 상대를 이해시키려는 노력이 필요하다. 그런데 내가 상대에게 그러한 시도를 하기도 전에, 쉽게 말해 내 이야기를 듣지도 않은 상태에서 상대방이 자기 마음대로 나에 대해 아는 척 한다는 느낌을 받으면 우리는 불쾌함을 느끼게 된다.

그것은 사실 상대에 대한 기대로부터 비롯된 서운함이다. 사람은 누구나 자신이 하는 생각과 자신이 느끼는 감정을 가장 특별하고 소중한 것이라고 여기며, 동시에 그것을 상대가 이해하고 존중해주기를 원한다. 특히 자기에게 소중한 사람일수록 그가 자신의 이야기에 집중하고 공감해 주기를 기대하는 것이다. 따라서 상대가 내 이야기를 경청하지 않고 쉽게 나에 대해 판단했다고 느끼면 상대에 대해 배신감과 서운함을 느끼게 된다.

🌿 서로의 이야기에 집중해 주기

집안은 가장 편안하고 익숙한 장소인 만큼 이곳에서의 대화는 가장 자유롭고 편안하게 이루어진다. 그러나 한편으로는 그러한 특성 때문에 때로는 대화에 참여하는 구성원 중 일부가 대화의 주제에 집중하지 못하기도 하고, 이야기가 중도에 쉽게 끊기거나 흘러가 버리기도 한다.

대화 중에 TV나 신문을 보거나 다른 일을 하는 것은 특히 주의해야 한다. 앞 장에서도 언급했던 바와 같이, 집안에서의 대화가 엇나갈 수 있는 가장 큰 이유는 갑자기 이야기가 시작되고 갑자기 중단된다는 점이다.

집안일을 하면서, 혹은 시선을 다른 곳에 둔 채로 이야기를 한다면 상대는 자신과의 대화가 중요하지 않으며 자신을 건성으로 대하고 있다는 느낌을 받아 무척 기분이 상할 것이다.

그렇다면 이제 행복한 부부생활을 위한 대화에는 무엇이 필요한지, 어떤 것들을 실천해야 하는지에 대해 알아보도록 하자.

🌸 남녀 간의 차이 이해하기

먼저 가장 우선시 되어야 할 것은, 남녀 간의 대화 방법 및 표현 방식의 차이를 이해하고 스스로의 대화 태도에 대해 점검하는 것이다.

배우자의 대화 방법이나 자신의 태도 그 어느 쪽도 문제를 일으키는 원인으로 생각할 필요는 없다. 다만 상대에 대해 최대한 이해하도록 노력하며 그를 통해 배울 수 있는 면, 나에게 부족하거나 보완해야 할 부분을 발견해내는 데에 초점을 맞추도록 하자.

'이 사람은 왜 이걸 배려하지 못하지?' '왜 이것도 몰라주는 걸까?'라고 생각하고 그의 마음을 의심하지 말고, 그에 비해 내가 하지 못하는 것, 그가 나를 위해 노력하고 있는 부분에 대해 생각하는 것을 습관화하는 것이다. 그는 자신의 잘못을 얼마나 솔직하게 인정하는지, 그가 때로는 짓궂은 장난을 치지만 그만큼 내 반응을 살피고 내 기분을 맞춰주려 노력하는지에 대해 생각해보고 그런 그의 모습을 있는 그대로 인정해 준다면 둘 간의 대화는 훨씬 따뜻하고 행복하게 될 것이다.

배우자를 대하는 나의 태도는 내가 상대에 대해 어떻게 생각하고 있는지, 얼마만큼 존중하고 신뢰하고 있는지에 따라 달라질 수 있다. 따라서 상대와의 대화 이전에 내가 그를 어떻게 생각하고 있으며 그에 따라 어떻게 대하고 있는지에 대해 고민하고 점검해볼 필요가 있다.

🌸 대화 소재를 풍부하게 하려면

부부는 평생을 함께 하는 사이이며 한정된 공간 안에서 오랜 시간 얼굴을 마주해야 하는 경우가 많다. 즉 그만큼 친밀하고 많은 것을 공유할 수 있는 관계인 한편, 서로 간에 활발한 소통이 이루어지지 못할 경우 쉽게 지루해지거나 무심해질 위험도 있는 관계이다. 따라서 부부 간에는 무엇보다도 다양하고 풍부한 대화가 필요하다.

일반적으로 많은 부부들은 자신의 개인적인 이야기나 고민, 부부 간의 관계에 대한 이야기, 사소한 감정적 변화와 그것이 발생하게 된 계기 등에 대해서는 많이 공유하지 않는 경향이 있다. 매일 보는 가까운 사이일수록 그러한 이야기를 꺼내는 일을 '새삼스러운' 것으로 여기기 때문이다. 그러나 서로 간에 관심과 애정을 표현할 수 있는 소소한 대화를 많이 하는 것이 금슬좋은 부부의 비결이며, 이러한 대화는 자주 할수록 더 계발되고 재미있어진다.

부부 간에 친구와 선후배, 직장 동료와 나눌 수 있는 대화를 포함해 그들과 이야기할 수 없는 것들까지 편안하게 털어놓고 나누기를 생활화해 보자. 그 모든 이야기를 궁극적으로 둘 간의 관계와 소통에 연관 지어 풀어나갈 수 있다면 더욱 좋다. 이러한 노력 끝에 대화 소재의 폭 역시 점점 넓어질 것이며, 그럴수록 둘 사이는 더욱더 친밀해질 것이다. 이것이 바로 대화의 힘이 아니고 무엇이겠는가.

🌸 대화의 규칙 정하기

부부 관계는 그 어떤 관계보다도 편안하고 비정형적인 것이지만, 그럼에도 불구하고 원활하고 바람직한 대화를 위해서는 일종의 약속이 필요하다. 즉 대화의 규칙을 정한다든가 적절한 대화 시기와 장소를 정하는 일은 부부 간의 대화를 활성화하는 데에 매우 효과적인 방법이 될 수 있다.

대화의 규칙이라는 것은 이를테면 다음과 같은 사소하지만 중요한 것들이다. '주제에서 벗어난 말은 하지 않기' '상대방의 말을 끝까지 듣기' '인신공격을 하지 않기'와 같이 대화의 가장 기본이 되는 것들. 오히려 가까운 사이일수록 이러한 기본 매너를 지키지 않기 쉬우므로 이렇게 규칙을 정해 지키려 노력하는 것은 매우 바람직한 시도라 할 수 있다.

만약 둘 중 누군가가 이러한 대화의 규칙을 어겼을 경우, 어떤 규칙을 어겼는지에 대해 공유하고 그것을 환기시키도록 한다. 서로가 함께 정한 규칙이므로 규칙을 어긴 쪽도 그 상대방도 스스럼없이 이를 인정하고 화기애애한 분위기 속에서 자연스럽게 이야기할 수 있도록 하는 것이 좋다.

처음에 한두 번은 어색하고 겸연쩍을 수 있겠지만, 여러 차례 반복되다 보면 어느새 서로 쉬쉬하던 부분에 대해서도 편안하게 이야기할 수 있게 된다. 그리고 이러한 과정을 통해 부부는 서로 편안함과 친밀감을 느끼게 되고 대화의 수준이 한층 더 높아진 것을 느낄 수 있게 된다.

부부 간의 대화는 수시로 많이 하는 것이 좋으나, 특별히 중요한 이야기나 의견 대립이 있을 수 있는 이야기는 좀 더 신중하게 하는 것이 좋다. 이를테면 장소나 시간을 정해놓고 하는 것이 효과적인 방법이 될 수 있다. 즉 두 사람만 있을 수 있고 조용하게 대화에 집중할 수 있는 공간과 시간을 정해 대화를 한다면, 그리고 그것이 암묵적인 합의 하에 이루어진다면 둘 사이의 갈등은 훨씬 원만하게 해결될 수 있을 것이다.

또한 싸워서 이기지 말아야 할 사람은 첫째가 아내와 자식이요, 둘째는 상사이다. 때론 져주는 것도 이기는 것이다.

웃음은 두 사람 사이의 가장 가까운 거리이다.

– 빅터 보르게

그 누구와도 대화를
이어갈 수 있는
언어의 품격

PART 5

성공을 가져다 주는
말하기

면접에서 어필하는 대화법

일반적으로 면접이라는 것은 내가 다른 누군가에게 평가받고 시험받는 자리이므로, 우리는 그것을 굉장히 어색하고 불편하게 여긴다. 이 역시 사람에 따라 차이가 있기는 하지만, 면접을 앞두고는 누구나 긴장을 하거나 초조해하기 마련이다.

그러나 면접 역시 일종의 '대화' 상황일 뿐이며, 우리가 지금까지 살펴본 대화의 방법들을 그대로 적용하면 된다. 다만 대화의 목적과 취지가 있는 만큼, 어떻게 하면 좀 더 자연스럽게 나를 어필하고 상대의 머릿속에 나를 각인시킬 수 있을까에 대해 조금 더 고민하게 될 뿐이다.

🌸 자신은 있지만 겸손하게

면접에서 가장 중요한 것은 자신감 있는 모습을 보이면서도 한편으로는 겸손함을 잃지 않는 자세를 유지하는 것이다.

사실 자신감과 겸손을 겸비하는 것은 모든 사람에게 호감을 얻을 수 있는 가장 기본적인 태도라고 할 수 있다. 그러나 흔히 둘 다 갖추는 것은 너무 어려운 일이라고, 이 중에 한 가지만 잘하기도 쉽지 않다고들 한다.

물론 쉽지 않은 일이기는 하지만, 그것은 종종 사람들이 자신감과 자만심, 위축된 태도와 겸손을 착각하기 때문에 더욱 그렇다. 사실은 자기 자신에 대한 '진짜' 자신감이 충분한 사람만이 남들 앞에 겸손할 수 있는 여유도 가질 수 있는 것이 아닐까?

따라서 자신감을 갖추면서도 겸손을 잃지 않는 매력적인 사람이 되기 위해서는 먼저 각각의 의미를 정확하게 이해할 필요가 있다. 그리고 그러한 태도를 내 것으로 만들기 위해 어떤 노력을 해야 하는지에 대해 파악해야 할 것이다.

자신감이라는 것은 말 그대로 내가 나를 인정하고 믿는 것이다. 즉 내가 어디에서나 떳떳하고 당당하게 존재하며, 남에게 거짓말을 하지 않고 나를 표현할 수 있는 상태를 가리키는 것이다. 스스로 자신감이 없는 사람은 상대에게 자신의 약점을 보여주지 않기 위해 자꾸 거짓말을 하게 되고, 내 모습 그대로를 인정하기 힘들어 하며, 나를 있는 그대로 드러내야 하는 순간이 오면 한없이 위축되고 불행해진다. 이런 사람은 당연히 나 외의 다른 사람을 보살피거나 챙길 수 없으며, 누군가를 진정으로 배려한다는 것도 어렵다.

한편 겸손이란 남을 존중하고 자기를 내세우지 않는 태도를 가리키는 말이다. 다른 사람을 진정으로 존중하기 위해서는 우선 인간 자체에 대한 존중심이 필요하며, 이를 위해서는 먼저 자기 자신을 존중할 수 있어야 한다.

스스로에 대해 자신감이 없는 사람은 남들이 그것을 눈치 챌까봐 자신을 포장하고 거짓된 자신의 모습을 내세우려 안달을 한다. 즉 진정으로 남을 존중하고 자기를 내세우지 않을 수 있는 사람은 오히려 스스로에 대한 자신감이 충분한 사람이라고 할 수 있다.

면접 상황에서는 자기 자신이 가지고 있는 자신감과 겸손을 동시에 어필할 필요가 있다. 이 시대 기업이 원하는 인재는 언제 어디에서든 두각을 드러내는 개성과 탁월한 능력을 가졌으되 동시에 수많은 사람들 틈에서도 모나지 않고 어울릴 수 있는 사람이다. 지나치게 개성만 강조되면 집단의 분위기를 흐릴까 염려되어 채용을 고민하게 되며, 반대로 겸손한 태도를 지나치게 강조한 나머지 소심하고 위축된 모습을 보이면 이 경쟁 시스템에 제대로 적응할 수 없는 사람으로 여겨 선택을 꺼릴 것이다.

면접관에게 자신감 있는 모습을 어필하기 위해서는 먼저 두려움을 없애야 한다. 어떤 사람들은 남들이 자신을 어떻게 생각할까에 대해 지나치게 걱정한 나머지 자기표현을 하는 것을 두려워한다. 특히 면접관들은 면접의 당락을 결정할 수 있는 사람들이므로 한 번 눈치를 보기 시작하면 평소보다 훨씬 위축되고 긴장된 모습만 보인 채 면접을 끝내게 될지도 모른다.

면접관 역시 나와 같은 사람이며, 우리는 정해진 시간과 장소에서 대화를 나누는 것뿐이라고 생각하자. 면접관은 이 순간 오로지 나를 위해 이 자리에 앉아있는 사람이며, 내가 진심을 다해 이야기하면 내 이야기만을 경청할 것이다. 이 시간은 오로지 날 위해 준비된 것이므로 주인공인 나는 그저 마음껏 내 이야기를 펼치면 된다.

당신이 잘할 수 있는 것, 당신의 장점이라고 생각되는 것들을 자연스럽게 어필하되 그것을 이 자리에서 한꺼번에 다 보여주고 싶어 안달난 사람처럼 행동하지 말라. 당신의 능력과 장점은 안목이 있는 사람이라면 누구나 알아챌 수밖에 없으므로 당신은 여유를 잃지 말고 편안하고 당당하게 자신을 보여주면 좋을 것이다.

앞서 언급한 바와 같이 면접관은 이 순간 당신만을 위해 자리에 앉아있는 사람이므로, 그에게 충분히 고마워하고 최선을 다해 예의를 갖추도록 한다. 당신이 진심으로 면접관을 인간 대 인간으로 존중하고 당신의 이야기를 듣기 위해 이 자리에 있다는 사실에 감사한다면, 아마 당신은 그 앞에서 저절로 겸손한 자세를 취하게 될 것이다.

면접관의 질문은 끝까지 경청하고 나에게 궁금한 것이 무엇인지를 명확하게 파악해 꼭 필요한 대답을 하도록 하며, 잘 이해하지 못했을 때에는 정중하게 사과하고 다시 한번 말씀해달라고 부탁한다.

이 자리에 올 수 있어 매우 기쁘다는 마음으로 정중하면서도 호감을 표하는 미소를 띠면서 겸손한 시선으로 면접관을 마주보도록 한다. 당신이 진정으로 이 자리에 감사하고 면접관을 존중한다는 느낌을 준다면, 면접관도 자연스럽게 당신을 호감적으로 느끼게 될 것이다.

🌿 꼭 오고 싶습니다

학교나 직장에 들어가기 위해 면접을 볼 때 가장 중요한 것은 바로 '내가 정말 이곳에 들어가기를 원하는가'하는 것이다. 만약 당신이 주저 없이 이 질문에 'yes'라고 대답할 수 있다면, 면접관 역시 그것을 충분히 느낄 수 있도록 표현해야 한다.

　현대는 철저하게 모든 것이 경쟁으로 이루어지는 시대이다. 어떤 대학이나 기업에 들어가려는 지원자들 뿐 아니라 대학과 기업들 역시 서로 경쟁을 한다. 즉 대학들끼리도 더 뛰어난 학생들을 많이 입학시키기 위해 경쟁하고, 기업들 간에도 더 훌륭한 인재를 누구보다 먼저 자기 사람으로 만들기 위해 치열하게 싸운다. 준비를 철저하게 해 여러 가지 선택 안이 주어진 사람의 경우 대학이나 기업 여러 곳 중 가장 마음에 들고 조건이 좋은 곳을 택해 입학(입사)하기도 한다. 이럴 경우 선택받지 못한 회사나 대학 입장에서는 자신이 선택한, 즉 합격시킨 인재를 일방적으로 잃게 된다.

따라서 스펙이나 능력 못지않게 중요한 것은 바로 '의지'라 할 수 있다. '어디든 취직만 하면 되지'라든가 '무조건 돈을 많이 주는 곳이 좋다' 등의 태도가 아닌, 수많은 학교, 수많은 기업 중 이곳을 선택한 이유가 분명히 있어야 한다.

만약 기업의 채용 면접이라면, 면접관에게 당신이 그 직장에 꼭 들어가고 싶다는 것을, 그 이유를, 그리고 당신이 가지고 있는 확신을 보여주도록 하라. 그 직장에서 이루고 싶은 목표, 다른 곳이 아닌 이곳에서만 할 수 있는 것, 기대하는 것이 무엇인지 진솔하게 이야기해 보라. 상대방은 분명 당신의 의지와 희망에 감화될 것이다.

또한 그렇게 분명한 의지를 가진 사람을 채용해야 입사 후에도 더 높은 능률을 발휘하게 될 것임을 면접관들은 이미 모두 알고 있다.

🌸 핵심 능력, 핵심 문장

일반적으로 면접은 주어진 시간에 제한이 있으며, 설사 제한 시간을 다 쓰지 않았다 하더라도 상대 쪽에서 언제든 일방적으로 대화를 종료할 수 있다. 당신이 가진 능력이 아무리 대단하고 많은 말을 준비했다 하더라도 당신에게 주어진 시간 외에는 아무도 그것을 들어주지 않는다.

따라서 지나치게 많은 말을 준비하는 것보다는 핵심이 되는 문장 몇 가지를 중심으로 대화를 이어가면서 자신을 어필하는 것이 효과적이다. 우선 면접관들이 관심을 가질만한 당신만의 특기, 경험, 열정 같은 것들을 최대한 간명하게 이야기 한다. 면접관들의 호기심과 질문을 유도하는 것이다. 각각에 대한 자세한 이야기들은 그들이 미끼를 물었을 때 해도 늦지 않다.

자신이 가진 열정과 능력을 보여줄 수 있는 가장 최적의 경험이 무엇인지를 생각하자. 당신이 겪어온 수많은 경험들을 모두 나열할 수는 없으므로 가장 압축적으로 당신의 가치를 표현할 수 있는 경험, 누구나 관심을 가질만한 사건을 생각하는 것이다. 쉽게 말해, 당신 인생을 요약한 최고의 예고편을 만든다고 생각하면 된다.

기죽지 말라.

면접관들 가운데 일부러 까다로운 질문을 하거나 상대를 무안하게 하는 반응을 보이는 경우가 있는데, 대부분의 경우 이것은 면접에 임하는 이를 시험하기 위한 것이다. 따라서 지레 위축되거나 눈치 볼 필요는 없다.

오히려 면접관들의 질문 공세나 당신의 말에 대한 면접관의 차가운 반응을 기쁘게 받아들이자. 당신에게 질문을 던지고 공격하는 것은, 아무도 당신에게 관심 갖지 않고 적당히 미소만 짓다가 나가라고 하는 것보다 훨씬 많은 주의를 기울이고 있다는 의미이기 때문이다.

즉 누군가 내게 질문을 한다는 것은 나에 대해 궁금해 한다는 뜻이다. 따라서 이에 대해 원망하는 마음을 갖거나 위축되기보다는 오히려 기쁜 마음으로 그 질문에 성실히 답하도록 노력한다면, 질문을 한 상대 역시 그런 나를 기특하게 여길지 모른다. 감정에 휘둘리지 말고, 그 질문의 내용 자체를 객관적으로 파악하고 최선의 대답을 찾아내는 것에 집중하라.

면접관들은 그저 당신을 궁금해 하거나 혹은 궁금해 하지 않을 뿐이다. 최대한 당신을 궁금해 하기를 기대하라. 그리고 그들의 눈빛 하나 말투 하나에 지레짐작하고 기죽지 말라.

생산적인 회의를 이끄는 말하기

여러 사람이 모여 하는 회의는 말 그대로 '생산적'이어야 한다. 생산적인 회의란 단순하게 말해서 회의의 목적이 분명하고 그 목적을 성취할 수 있는 회의를 가리킨다. 또한 회의에 참석하는 이들 모두가 그 목적에 동의할 수 있어야 하며 회의 과정에 적극적으로 참여하고 모두가 납득할 수 있는 결과를 성취해 내는 회의이다.

🌿 회의는 왜 하는가?

무엇보다도 회의 개최의 근거 자체가 타당해야만 생산적인 회의가 가능하다. 불필요한 회의를 하려고 모여 있으면 생산적인 결과가 나오기 어렵다. 그렇다면 회의는 어떤 때 하는 것인가?

직장 내에서 회의를 열어야 하는 경우는 다음과 같다.

첫째, 모든 직원이 알아야 할 중요하고 새로운 정보가 있는 경우이다. 즉 회사의 조직개편이나 이전, 새로 시작하는 프로젝트, 협력사의 변경 등 반드시 모두가 공유해야 하는 사안이 있을 때에는 응당 회의를 소집해야 한다.

둘째, 새로운 업무가 생겼거나 업무 분담을 다시 해야 하는 등 모두가 모여서 조정해야 하는 일이 있는 경우에도 열어야 한다.

셋째, 새로운 시스템을 도입했거나 정보를 얻었을 경우, 그것이 일반적으로 이해하기 어려운 것일 때 회의를 한다. 어떤 정보는 왜곡되기 쉽고 한 번 왜곡이 시작되면 소통이 어려워지기 때문이다.

그리고 마지막으로 조직원들에게 새로운 아이디어를 얻을 필요가 있거나 어떤 협조가 필요한 때이다.

🌸 회의를 위한 준비

생산적이고 효과적인 회의를 위해서는 회의 전부터 철저한 준비가 필요하다.

먼저 회의 참석자들이 회의의 중심 의제에 대해 충분히 이해하고 회의에 참석할 수 있도록 사전에 의제의 내용을 설명하고 관련 자료를 전달한다.

또한 의제의 우선순위를 정해 무엇에 더 비중을 두고 먼저 결정할 것인가에 대한 계획을 세운다. 이러한 순서가 정해져 있지 않으면 원활한 회의 진행이 어려워진다.

회의에서 의결해야 할 문제가 있다면 그 방식을 어떻게 할 것인지, 진행은 누가 할 것이며 그 밖의 협조사항들은 누가 도울 것인지 미리 완벽하게 정해 두어야 한다. 이때 역할의 분담은 각자가 확실히 책임지고 자신의 맡은 바 임무를 완수할 수 있도록 신중하고 명확하게 해야 하며, 서로 간에 긴밀한 소통을 통해 결과를 확인하고 피드백을 주도록 한다.

회의를 진행하는 사회자의 역할은 회의가 원활하게 진행되고 발전적인 결과를 얻는 데 있어 가장 중요하다고 할 수 있다. 사회자는 참석자들 모두가 꼭 필요한 이야기를 나누고 그것에 대해 서로 불만 없이 수긍할 수 있도록, 그리고 결국에는 어떤 합의점을 찾아갈 수 있도록 진행하고 유도하며 이끄는 역할을 한다. 능숙한 진행자는 회의의 효율과 생산성을 높인다.

🎖 회의의 목적과 진행 절차 공표하기

일반적으로 직장 생활을 하면서 회의는 지겨울 정도로 많이 하지만, 생각보다 많은 이들이 체계적인 회의 문화에 익숙하지 못하다. 따라서 상당히 중요한 회의 자리임에도 불구하고 자신의 의견이나 사실 자료, 감정적인 이야기 등을 구분 없이 되는데로 늘어놓거나 주제에서 벗어난 이야기에 대해 열을 올리며 말하는 경우가 많다. 따라서 사회자는 중구난방으로 말하는 참석자들의 이야기가 하나의 흐름을 가지고 연결되고 모아질 수 있도록 회의를 이끌어가야 한다.

사회자가 가장 먼저 해야 할 일은 이 회의의 목적과 진행 순서를 모두에게 주지시키는 일이다. 또한 의제의 우선순위를 정해 발표하고 그 기준에 따라 회의를 어떻게 진행할 것인가에 대해서도 결정해야 한다. 이를테면 의견을 점점 좁혀 나가는 방식으로 회의를 진행할 것인지, 혹은 각각의 의견에 대한 반론과 보충 발언으로 회의를 진행할 것인지에 대해 정해주는 것이다.

이와 같이 일정한 절차와 규칙이 없다면 그 회의는 중구난방으로 흘러가게 될 것이다. 특히 공평한 발언권과 발언시간에 대한 적절한 통제가 있어야 한다.

적극적인 참여 즐거운 회의

원활한 회의의 진행을 위해서는 지나치게 길게 이야기하는 사람에게는 보다 짧게 이야기하도록 권고하고, 고집스럽게 침묵을 지키는 사람은 무엇이든 말을 할 수 있도록 유도하는 것이 필요하다.

특히 아무 말도 하지 않고 조용히 앉아있는 사람에게 앞에 이야기한 사람의 의견에 대해 어떻게 생각하느냐고 질문함으로써 자연스럽게 그 사람을 대화에 참여시킬 수 있다. 회의에 참석한 개개인 모두는 직접적으로든 간접적으로든 자신이 가진 의견이라도 표현해야 그 회의에 참여한 것이 정당해지며, 그 자리에 대한 책임감도 갖게 되기 때문이다.

뿐만 아니라 이렇게 피드백을 구하는 방식은 서로의 의견에 대해 여러 사람이 의견을 주고받도록 유도할 수 있으므로 결과적으로 회의에 활력을 불어넣는 효과가 있다.

🐾 모두가 동등하게 그러나 효율적으로

처음에는 정해진 순서와 우선순위에 따라 회의를 시작했다 하
더라도, 시간이 지나고 회의가 진행되면서 점차 그 순서가 뒤죽
박죽이 되는 경우가 생긴다. 뿐만 아니라 특정 참석자가 지나치
게 일방적인 발언을 함으로써 전체적인 분위기가 부정적인 방
향으로 흘러갈 수도 있다.

이런 경우 사회자는 이를 저지하고 정리해 주어야 한다. 만약
참석자들이 서로 먼저 이야기하려고 할 경우 그 중 한 사람이
먼저 이야기하도록 정해주고 다음 사람이 그에 대해 적절하게
보충 의견을 이야기하거나 질문을 할 수 있도록 유도한다. 특히
여러 사람이 이야기할 때에는 그 이야기들이 모두 같은 맥락 안
에서 펼쳐지되 불필요한 반복이나 충돌을 만들어 내지 않도록
이끌어 준다.

즉 사회자는 참석자 모두가 동등한 발언 기회를 갖되 효율적
으로 논의가 진행될 수 있도록, 모두의 말에 끊임없이 귀를 기

울이면서 흐름을 파악하고 조율해야 한다.

🎇 사회자의 중립과 진행 능력

사회자는 참석자들이 아이디어와 의견을 내놓는 데에 도움을 줄 수 있도록 정보를 제공하거나 자료를 제시할 수 있다. 그러나 그 정보가 마치 가장 설득력 있고 공신력 있는 정보인 것처럼 행세해서는 안 되며, 어떤 편향된 정보를 제공함으로써 반대 의견을 가진 사람의 의견을 묵살시켜서도 안 된다.

또한 참석자가 낸 의견에 대해 조금이라도 감정적이거나 특정 의견을 드러낼 수 있는 코멘트를 해서는 안 되며, 특정 참석자의 이야기에 대해 긍정적 또는 부정적인 몸짓을 취해서도 안 된다. 참석자 가운데 개인적으로 가깝고 편안한 관계가 있다 하더라도, 회의 진행 중에 그것을 내색해서는 안 된다.

즉 사회자는 어떤 경우에도 자신의 주장을 내세워서는 안 되며, 가장 공정하고 객관적인 중도의 입장을 유지하도록 노력해야 한다.

❀ 요약, 정리, 보충설명

사회자는 회의 중간마다 참석자들이 발표한 의견을 요약, 정리
해 그 자리에 있는 모든 참석자들이 이해할 수 있도록 전달해
주어야 한다.

　너무 길게 이야기해 요점을 알기 어려웠던 내용은 핵심만
요약해서 다시 정리해 주고, 오히려 지나치게 간략하게 이야기
하는 바람에 오해의 소지가 있는 내용은 보충 설명을 하거나
쉬운 표현으로 다시 설명해 모두가 같은 의미를 공유할 수 있
도록 한다.

　이러한 과정을 통해 중구난방으로 펼쳐져 있던 이야기들을
몇 가지 흐름으로 정리할 수 있게 되며, 본 회의의 목적과 방향
성에 대해 다시금 점검할 수 있는 계기가 된다. 단 요약 혹은 보
충설명을 할 때에는 최대한 객관성을 유지하고 구체적이면서
도 믿을 수 있는 정보를 토대로 정리할 수 있도록 한다.

🌸 서로를 존중하며 이야기하도록

지나치게 자기주장이 강한 참석자의 의견이 있을 경우, 모두 함께 자연스럽게 고민해 보고 판단할 수 있도록 유도한다. 참석자의 의견이 지나치게 강하거나 주관적이라고 해서 사회자가 직접 나서서 저지하거나 의견을 피력하는 것은 하지 말아야 할 행동이다. 사회자가 해야 할 일은 그런 상황을 최대한 오픈하고 참석자들 전체가 그 문제에 대해 공유하고 생각할 수 있게 유도하는 것이다.

또한 이러한 문제로 참석자들 간에 갈등이 생길 경우, 서로를 존중하는 분위기에서 잘 마무리될 수 있도록 분위기를 환기시킬 필요가 있다.

특히 회의 중 상대를 인신공격하거나 근거 없이 몰아세우는 일이 없도록 해야 한다. 상대를 존중하지 않는 표현을 사용하거나 공격하는 참석자에게는 반드시 주의를 주고, 그럼에도 불구하고 개선되지 않으면 회의에 대한 참석권을 박탈하는 등 확실한 제지를 한다.

🌸 회의 후 실행하기

아무리 회의를 열심히 한다 해도 사후의 업무에 변화를 주지 않는다면 회의의 의미는 사라진다. 즉 회의 내용이 이후의 업무 내용을 개선하거나 효율적으로 진행시키는 데에 보탬이 되어야 하는 것이다.

　회의가 끝난 뒤에는 회의에서 결정된 사항을 누가 어떻게 실행할 것인지에 대해서도 결정을 내려야 하며, 그것에 대해서 역시 모두가 공유할 수 있도록 한다. 이는 단순히 어떤 사안에 대해 결정한 데에 그치지 않고, 회의 이후에 그 내용이 바로 업무에 반영될 수 있게 하는 과정이다. 이로써 비로소 회의가 진정으로 생산적인 의미를 갖게 되는 것이다.

🌸 회의 참석자들의 바람직한 말하기

회의 참석자들 역시 생산적인 회의 진행을 위해 노력을 기울여야 한다.

　먼저 회의 전에 중요 의제에 대해 공지가 되어 있을 것이므로, 참석자들은 이에 대한 정보를 사전에 학습하고 이를 토대로 자신의 의견을 정리한다. 또한 다른 참석자들과 공유할 수 있는 자료를 수집하는 것도 필요하다.

회의가 시작되면 자기 의견을 말하는 데에만 치중할 것이 아니라 상대의 의견도 경청하는 자세를 가져야 한다. 밑도 끝도 없이 자신의 주장만을 펼치기보다는 상대의 의견에 대한 보충설명이나 질문 등을 통해 원활한 회의 진행을 돕고 논점을 하나로 모아가는 것이 보다 생산적인 회의를 만들어가는 데에 보탬이 될 것이다.

또한 즉흥적으로 이야기하기보다는 사전에 준비한 자료와 정보 등을 토대로 설득력 있는 발표를 한다. 이러한 과정은 스스로 회의에 참석한 보람을 느끼게 할 뿐 아니라 다른 참석자들에게 귀감이 될 수 있어 더욱 좋다. 뿐만 아니라 최대한의 자료와 정보를 서로 공유하는 분위기가 형성된다면 보다 효율적인 회의 진행이 이루어질 수 있을 것이다.

의견을 펼치는 중 지나치게 논점을 벗어나거나 회의 내용과 무관한 농담을 하는 등 회의의 분위기를 흐리는 말은 조심하도록 한다. 또한 상대를 인신공격하는 말, 남의 의견을 귀담아 듣지 않고 자기 의견만 옳다고 우기는 말 등은 하지 않도록 한다.

또한 what보다는 how를, how보다는 why를 생각하면서 하는 회의는 훨씬 깊고 수준 높은 회의가 될 수 있다.

일반적 회의의 5원칙

1. 회의 주제를 미리 예고한다.
2. 사회(주제)자가 오늘 회의의 목적과 방향 그리고 규칙을 알려준다.
3. 참여자의 발언시간을 공평하게 3분이나 5분으로 한다.
4. 회의 결과를 A4 한 장으로 정리해서 배부한다.
5. 다음 회의 때 오늘 회의 결과의 진행 상황 등을 피드백한다.

주목받는 프레젠테이션하기

과거에는 회사 내의 프레젠테이션이 담당자의 업무로만 한정되어 있었으나, 오늘날은 기업의 구조가 점점 서구화되고 개개인의 능력치가 중요해지면서 직장인 개개인의 프레젠테이션 기회가 늘어났다. 이것은 프레젠테이션 능력이 업무 능력으로 평가될 수 있을 만큼 중요해졌다는 의미이며, 이제는 직장인이라면 누구나 프레젠테이션을 잘하는 방법에 대해 고민해 보아야 한다는 뜻이다. 따라서 사내 프레젠테이션에 대해 관심을 가지고 미리 준비해 두는 것이 좋다.

익숙하다고 해서 방심하지 말라

사내 프레젠테이션의 특징은 이미 익숙한 장소에서, 잘 알고 있는 사람들 앞에서, 손에 익은 기기를 활용해 발표를 한다는 점이다. 따라서 새로운 장소에서 새로운 사람들 앞에서 발표를 하는 것보다는 그 장소와 기기에 대한 파악, 청중에 대한 분석 등이 수월하다는 장점이 있다.

그러나 사내 프레젠테이션이라고 해서 청중 분석과 장소 점검, 기기 체크 등에 소홀해서는 안 된다. 아무리 평소 익숙한 것들이라 하더라도 결국 그것들 중 하나가 문제를 일으키는 순간 프레젠테이션 전체가 엉망이 될 수 있기 때문이다.

평소 잘 나오던 마이크가 나오지 않거나 엄청난 소음을 일으킨다면? 전원이 차단되어 아무것도 하지 못하는 경우가 발생한다면 어떻겠는가? 때때로 우리는 열심히 준비한 프레젠테이션 자료가 재생되지 않아 굉장히 난감해하는 발표자를 보곤 한다.

이렇게 프레젠테이션의 시작부터 시행착오를 겪게 될 경우 본인도 당황하고 위축될 뿐 아니라 청중들 역시 집중력과 흥미를 잃게 될 수 있다. 따라서 프레젠테이션 이전에 미리 전원과 마이크, 프로젝터, 영상기기 등을 점검하고 청중의 성향 및 장소의 특성에 대해 파악하고 꼼꼼하게 확인하는 과정을 거치도록 한다.

🌿 청중을 분석하라

사내 프레젠테이션에서 방심하기 쉬운 것은 바로 청중이 되는 직장 동료들에 대해서다. 따라서 평소 잘 알고 절친하던 동료들이 프레젠테이션 상황에서 날카롭거나 공격적인 질문을 던지면 보통 당황하게 된다. 혹은 내가 이야기하는 내용에 대해 잘 이해하지 못하고 딴 소리를 하기도 하는데, 평소 같은 분야의 업무를 보고 있으며 나와 대화도 많이 했다고 생각한 상대가 그런 질문을 던지면 당황함을 넘어서 배신감까지도 느낄 수 있다.

그러나 아무리 평소 친분이 있다 하더라도 그의 성격과 사고 방식을 모두 파악할 수는 없다. 특히 직장 동료는 어린 시절부터의 친구와는 달라서 그의 의식 저변에 깔린 가치관까지 알지 못하는 경우가 많다.

또한 평소에 다른 부분에 대해서는 나와 무수히 많은 공감대를 형성하고 많은 대화를 나누었다 하더라도, 프레젠테이션의 주제, 또는 말 한마디 한마디에 대한 생각은 완전히 다를 수 있는 것이다.

따라서 프레젠테이션에 앞서 청중을 최대한 철저하게 분석하고, 그들을 대상으로 어떻게 말해야 설득력을 가질 수 있는가에 대해 고민할 필요가 있다. 주요 청중의 공식적, 비공식적 욕구가 무엇인지 분석하고 개인적으로 내재된 욕망이 무엇인지까지 고민해 보아야만 진정한 청중 분석이라고 할 수 있다. 같은 주제로 발표를 하더라도 청중 가운데 특별히 그 사안에 대해 민감한 집단이 있거나 주제에 대해 이미 연구한 이가 있을 경우 약간의 조심스러운 뉘앙스를 가미해 이야기를 풀어갈 수 있을 것이다.

결국 '나를 알고 적을 알면 백전백승'이라는 말과 크게 다르지 않은 얘기다. 청중에 대해 많이 분석하면 분석할수록 훨씬 더 자신 있게 이야기를 풀어갈 수 있게 된다.

🌸 어려운 이야기일수록 쉽게 하라

본인이 프레젠테이션 하는 내용에 대해 청중들 모두가 잘 알고 있을 것이라고 생각하는 것은 위험한 착각이다. 아무리 직장 동료들이 청중이라 하더라도, 그 사안에 대한 그들 각각의 이해도에는 차이가 있을 수 있다.

그러나 모든 사람들은 자신의 무지를 드러내고 싶지 않아 하므로, 프레젠테이션 내용이 자신이 잘 모르는 부분이라 하더라도 그것에 대해 크게 어필하지 않는 경우가 많다. 즉 발표자가 이야기를 어렵게 하면 어렵게 할수록 청중의 이해도는 떨어지겠지만, 아무도 그것을 표현하지 않은 채 전체적인 집중도만 떨어지는 결과가 초래될 수 있다. 결국 듣는 사람은 얼마 되지 않는 비효율적인 프레젠테이션에 그치게 될지도 모른다.

따라서 당연히 청중이 알 것이라 판단되는 내용이라 하더라도 최대한 쉽고 간결하게 이야기 한다. 특히 전문용어 같은 경우 풀어서 설명하는 것이 좋으며, 어려운 내용일수록 기본적인 원리에 입각해 명료하게 설명하도록 한다. 어려운 내용을 쉽게 설명하는 것 그것이 진정으로 말을 잘하는 것이다.

🌿 청중과 시선 교환하기

간혹 줄곧 단상 모서리만 노려보며 발표하거나 시선을 이리저리 불안정하게 움직이는 발표자들이 있는데, 그런 경우 청중의 공감을 얻어내기 어렵다.

프레젠테이션 역시 다른 대화와 마찬가지로 상대와 눈을 맞추고 하는 것이 가장 효과적이다. 즉 청중을 향해 얼굴의 방향을 맞추고 자연스럽게 눈을 맞추는 것이 좋으며, 가급적 서서 하는 것이 좋다.

청중과 시선을 맞출 때에는 지나치게 특정 인물과 시선을 맞추기보다는 적절한 속도로 이리저리 움직여 주면서 청중들과 교감하는 것이 좋다. 특히 청중 가운데 특별히 영향력 있는 사람이 있다면, 그 사람이 앉는 자리를 미리 알아두고 그쪽에 적절하게 시선을 두는 것도 효과적이다. 그러나 지나치게 특정 사람에게만 시선을 두는 것은 오히려 역효과를 낼 수 있으므로 주의하도록 하자.

같은 맥락에서 "여기 계시는 …님께서도 잘 아시겠지만……" 혹은 "이 자리에 계시는 …님께서 많이 애써주셨던 이번 프로젝트에서는……" 등과 같이 영향력 있는 사람에 대한 관심을 표하는 적절한 코멘트를 해주는 것도 좋다. 다만 이것은 일반 청중의 귀에 거슬리지 않는 수준의 것이어야 한다.

🌸 시각 자료의 효과적인 활용법

프레젠테이션을 할 때에는 보통 적든 많든 시각 자료를 활용하게 되는데, 이때에는 발표자와 지나치게 멀지 않은 곳에서 자료가 재생될 수 있도록 하는 것이 효과적이다. 어떤 경우에도 발표자는 청중과 가장 긴밀하게 시선을 주고받고 소통을 하는 중심축이 되어야 하므로, 그 시선을 분산시키는 것은 좋지 않다.

우리나라 기업들의 프레젠테이션의 특징 가운데 하나는 시각자료에 지나치게 의존한다는 것이다. 어떤 경우는 프레젠테이션 슬라이드 위에 대본을 거의 그대로 쓰다시피 해 프로젝터로 쏘는가 하면, 중간마다 설명보다 더 많은 양의 그림과 영상들이 있어 시간 내에 자료들을 다 보여주느라 진땀을 빼는 발표자를 보기도 한다.

무수히 많은 슬라이드들을 정신없이 빠르게 넘기면서 정작 청중이 들어야 할 설명은 제대로 하지도 못한 채 주어진 시간을 다 소진하는 발표자를 보면 안타깝기 그지없다. 결국 청중에게 제대로 전달되지도 못할 프레젠테이션을 위해, 그 수많은 자료들은 얼마나 열심히 준비했을 것인가.

프레젠테이션에 자신이 없는 사람일수록 시각 자료에 의지하려는 경향이 강하다. 때문에 아무리 많이 준비했다 하더라도 시각 자료에 지나치게 의지한다는 느낌을 주면 청중은 그가 프레젠테이션 내용에 자신이 없다는 인상을 받을 수 있다.

시각 자료는 정말 효과적인 타이밍에 최소한으로 활용하는 것이 가장 좋다. 특히 한 화면에 글자 수가 너무 많으면 청중은 어지러움을 느낄 수 있으므로 한 페이지에 들어가는 텍스트와 그림, 정보의 양이 청중이 부담 없이 볼 수 있는 만큼 되도록 조절한다.

또한 무턱대고 자료를 보여준 후 설명하기보다는 미리 "화면을 보시지요. 지금까지 설명 드렸던 내용을 한 눈에 보실 수 있을 겁니다"라는 식으로 예고를 하는 것이 좋다. 이를 통해 청중의 시선을 화면으로 집중시킬 수 있으며, 이 상태에서 그에 대한 내용을 설명하는 것이 효과적이다.

🌸 적절한 몸짓 사용하기

프레젠테이션을 하다 보면 자연스럽게 몸짓도 활용하게 되는

데, 이때 움직임에는 절도가 있어야 하며 지나치게 정신없이 움직이거나 돌아다니지 않도록 한다.

청중을 앞에 두고 지나치게 왔다갔다 하는 모습을 보이는 것은 청중의 주의력을 떨어뜨리는 악영향을 미친다. 뿐만 아니라 그런 태도는 보는 사람들에게 '사내 프레젠테이션이라고 해서 청중들을 존중하지 않는 건가' 하는 오해를 불러일으킬 수 있으므로 주의한다.

특히 너무 긴장한 나머지 주머니에 손을 넣거나 시선을 분산시키는 반복적인 행동 - 이를테면 포인터를 이리저리 흔들거나 껐다 컸다 하면서 장난을 하는 등의 행동 - 을 하는 발표자가 있는데, 이런 행동들은 각별히 주의해야 한다.

긴장하면 나타나는 이러한 불필요한 버릇들은 여러 번의 리허설을 통해 고치는 것이 좋다. 단 한 명이라도 청중의 역할을 할 수 있는 사람을 구해 처음부터 끝까지 프레젠테이션을 해보면서 아주 사소한 몸짓이나 습관까지도 짚어내도록 하고, 발견하는 즉시 수정하도록 한다. 발표자의 부적절한 몸짓으로 인해 청중들의 시선이 분산되면 정작 중요한 메시지가 전달되지 못하는 경우가 발생하기 때문이다. 손과 표정은 제2의 입이다. 좋은 바디랭귀지는 그 자체가 설득력이요 메시지가 된다.

🌼 적절한 억양과 어조

또한 정확한 발음과 적절한 목소리 톤, 상대가 충분히 알아들을
수 있는 속도로 말하는 것도 중요하다. 프레젠테이션 상황에서
는 무엇보다 정확한 내용을 상대에게 전달하는 것이 중요하므
로, 스스로 그것에 대해 분명하게 이해하고 또박또박 전달하도
록 한다. 또한 상대방이 그 내용에 집중하고 흐름을 놓치지 않
을 수 있도록 적절한 어조로 이야기하고 일정한 순간에 숨을 쉬
어주는 것도 중요하다.

  단 계속해서 같은 억양과 어조로 말하다가는 청중을 지루하
게 할 수 있으므로 적절하게 억양에 변화를 주는 것이 좋다. 특
히 중요한 내용, 강조하고 싶은 부분에 대해 이야기할 때에는
그 부분 직전에 쉼pause을 주거나 목소리를 한 톤 낮추거나 높여
서 이야기하는 것이 효과적이다.

효과적인 판매와 투자 유치하기

어떤 상품이나 서비스를 판매하거나 새로 기획한 사업에 대한 투자를 유치할 때 가장 중요한 것은 잠정적 소비자들이나 투자자들에게 신뢰감을 주는 일이다. 그리고 그것 역시 결국은 '말'로써 이루어진다. 우리는 어떻게 그들에게 신뢰감을 줄 수 있을까?

충분한 지식과 열정

당신이 투자사 대표들 앞에서 새로 기획한 프로젝트에 대해 설명하고자 하는 사장이라고 가정해 보자. 당신은 어떻게 그들에게 신뢰감을 줄 것인가?

우선적으로 가장 중요한 것은 사업 내용에 대해 자신 있게 설명하고 충분한 근거를 제시할 수 있어야 한다는 것이다. 사업 내용뿐 아니라 관련 분야에 대해 해박한 지식과 자료를 확보하고 그것을 토대로 상대를 설득한다면 일단 일차적으로 상대는 그 내용에 대해 크게 의심하지 않고 이야기를 듣게 될 것이다.

즉 그 사업의 존재가치와 이윤을 낼 수 있는 방법에 대해 설명하되, 사업을 둘러싼 여러 환경적 요인과 최근의 트렌드, 이 사업의 원리를 만들어주는 이론이나 학설 등에 대해 유창하게 설명할 수 있다면 가장 좋다.

또 한 가지 신뢰감을 주는 요소는 사장의 적극성과 열정이다. 사업 내용과 취지, 효과 등에 대해 열정적으로 설명하는 태도, 그 자체가 또 다른 신뢰감의 근거가 된다. 무엇에 열중하고 잘하기 위해 노력하며 그것에 대해 확신을 가지고 있는 사람의 에너지는 상대방을 감화시키기 마련이다.

🌿 내용은 간단명료하면서 수익성에 초점을 두고 한다

투자를 이끌어 내기 위한 말하기에서는 내용을 최대한 간단명료하게 하되 그 내용을 본인이 완벽하게 숙지하고 있어야 한다.

말이 길고 추상적일수록 투자자들은 그 내용을 신뢰할 수 없는 것으로 여긴다. 일반적으로 듣는 사람은 상대방의 말이 길어질수록 충분한 근거가 부족해서 말로 떼우는 것이라고 느끼기 때문이다.

따라서 무조건 말을 길게 하기보다는 표나 그래프 등을 이용해 상대방이 그 내용을 한 눈에 알아볼 수 있는 자료를 준비하는 것이 효과적인 방법이다.

특히 투자를 유치할 때 기억해야 할 것은, 투자자들은 대부분 그 분야에 대한 전문가가 아니라는 점이다. 따라서 전문적이고 추상적인 내용보다는 실질적으로 피부에 와 닿는 내용을 제시하는 것이 필요하며, 상대의 성향에 따라 보다 관심을 보일만한 내용에 초점을 두는 것이 좋다.

즉 생산 물품 자체에 대한 구체적인 설명보다는 그 사업의 사회적 · 문화적 · 산업적 가능성, 그리고 무엇보다 수입성에 초점을 두어 설명하는 것이 효과적이다.

🎇 가장 핵심이 되는 내용은 반복해준다

설명을 할 때에는 가장 핵심이 되는 내용, 즉 요즘의 트렌드에 적합하고 투자 가치가 있으며 상대가 솔깃할 만한 내용, 그리고 스스로 가장 자신 있는 분야에 대한 설명 등을 위주로 진행해야 효과적이다.

만약 중간마다 상세한 설명을 덧붙이거나 근거를 제시하더라도, 가장 강조하고 싶은 핵심 문장은 계속해서 되풀이 해주는 것이 좋다. 결국 투자사들이 투자를 결정하는 이유는 바로 그 몇 가지 핵심 문장이 될 것이기 때문이다.

핵심이 되는 내용을 반복할 때에는 몇 가지 새로운 예시나 통계, 약간의 유머를 덧붙여 가며 마치 매번 새로운 이야기를 하듯 자연스럽게 말을 엮어 나가는 것이 좋다. 그러나 몇 단어와 표현은 그대로 반복함으로써 가장 중요한 메시지를 사람들의 귀에 각인시킬 수 있도록 한다.

물론 지나친 반복은 자칫하면 내용의 빈곤함으로 받아들여질 수 있으므로 주의해야 한다.

🌿 장점을 객관적으로 부각시키기

어떤 물건 또는 서비스를 판매하거나 투자를 유치할 때에 가장 중요한 것은 이 회사가 믿을만한 회사임을 입증하는 것이다. 즉 단순히 스스로 주장하는 내용이 아닌 객관적인 수치나 검증된 사실로써 뒷받침되는 가치가 필요하며, 이를 상대에게 확인시킬 수 있어야 한다.

이를 위한 방법으로 가장 간편하고 신뢰성이 높은 것은 물론 한눈에 들어오는 통계적 수치인데, '숫자'로 하는 설득은 생각보다 큰 효과를 거두지 못한다. 그것은 상대의 감성을 건드리지 못하기 때문이다.

따라서 사회적으로 저명한 인사들이나 다른 믿을만한 기업이 이 회사나 상품을 인정했다는 것을 증명하는 것이 효과적이다. 이를테면 인증서나 저명인사들의 인터뷰, 서명 등이 이에 해당한다.

그러나 아이러니하게도 어떤 회사나 특정 상품에 대해 지나치게 좋은 점만 강조하는 것이 늘 최선은 아니다. 즉 긍정적인 측면과 함께 적절하게 부정적인 측면을 보여줌으로써 보다 객

관적이고 양심적인 정보를 전달한다는 느낌을 주는 것이 효과
적일 수 있다는 것이다.

  물론 이때 긍정적인 측면에 비해 부정적인 면은 그 심각성이
미미한 것이어야 하며, 어느 정도의 노력으로 개선 가능한 것이
어야 한다.

꼭 필요한 실전 스피치 훈련법

스피치를 잘하기 위한 이론을 아무리 열심히 학습한다 해도, 실제로 그 준비과정부터 차근차근 훈련해 보지 않으면 실전에서는 아무런 이론적 지식도 적용해 보지 못하고 우물쭈물 하다가 끝나버리기 일쑤다.

따라서 여기에서는 실전 스피치를 위한 단계별 미션에 대해 파악해 보고자 한다.

🌸 1단계 : 스피치 상황에 대한 분석

스피치 상황 이전에 제일 먼저 할 일은 말하는 상황에 대한 분석이다. 즉 언제 어디에서, 어떤 사람들 앞에서 무엇에 대해 어떻게 말할 것인지를 파악하는 것이다.

먼저 발표를 할 날짜와 시간, 연설장의 위치, 연설장의 크기와 공간적 성격을 파악해야 한다. 계절에 따라, 날씨의 춥고 더움에 따라, 어떤 중요한 뉴스가 있는 시기이냐에 따라 발표 내용이 달라질 수 있고, 연설장의 공간적 성격에 따라 준비해야 할 자료나 스피치 방식에 차이가 생길 수도 있다.

또한 청중에 대한 분석이 필요한데, 이를테면 청중의 연령, 성별, 직업, 교육 정도, 소속 집단 등에 대해 구체적으로 파악하는 것이 좋다. 또한 청중의 전체 수도 알고 있는 것이 좋다. 청중의 성향이나 집단적 특성에 따라 같은 이야기라도 접근하는 방식을 달리해야 할 필요가 있다.

다음으로 이야기의 주제와 주요 소재, 이야기의 궁극적인 목적을 파악하는 것이 중요하다. 어떤 이야기를 할 것인가? 그리고 그 이야기를 단순히 전달할 것인가, 깊이 이해시켜야 할 것인가, 혹은 설득할 것인가? 인간적인 공감이나 감화가 중요한가?

물론 연설, 강연, 토론, 대담 등의 다양한 방법들 중 어떤 형태의 말하기인지도 파악해야 하며, 이에 따라 다음 단계에서 적절한 형태의 개요서와 원고를 작성하게 된다.

또한 시청각 자료를 사용할 것인지, 얼마나 어떻게 사용할 것인지 확인하는 과정이 필요하다. 시청각 자료를 활용하기 위해서는 기기가 필요하므로, 어떤 기기를 어떻게 활용할 것이며 연설장에 구비된 기기의 상태가 어떠한지 미리 확인해둘 필요가 있다. 마이크와 프로젝터 시설 등 기본적인 시설도 확인해 두도록 한다.

🌾 2단계 : 간단한 개요서와 원고 작성

개요서는 구체적인 원고 이전에 작성하는 일종의 '설계도' 같은 것으로, 중요 내용들에 일련번호와 기호를 붙여 체계적으로 조직한다. 이는 최대한 간단명료하고 한눈에 알아볼 수 있는 것이 좋으며, 원고로 작성할 때 그 순서나 체계에 혼란이 없도록 처음부터 확실하게 구조를 만들어 놓는다.

그리고 이를 토대로 각각의 주제와 소주제에 맞는 자료를 취사선택하여 구체적인 원고나 슬라이드를 만든다. 원고의 내용은 대체로 다음과 같이 진행된다.

처음 도입부에서는 청중들에게 이 주제에 대해 말하게 된 배경이 무엇인지 알리는 것이 중요하다. 즉 스피치의 정당성, 필요성을 설명하는 것이므로 이야기가 충분한 설득력을 가질수록 이후에 이어질 이야기에 대한 집중도가 보장된다.

다음으로는 이야기의 주제에 대해 간단하면서 분명하게 설명한다. 각 주제에 대한 소주제와 구체적인 내용은 이후 전개될 것이므로, 도입부에서 구구절절 길게 늘어놓지 않도록 한다. 또한 설득을 위한 스피치의 경우, 도입부에서 자신의 주장이 무엇인지 밝히도록 한다.

본문에서는 주제에 맞는 각각의 소주제를 전개하게 되는데, 이때 각각에 해당하는 생생한 예시와 본인이나 다른 누군가의 체험담 또는 청중을 집중시키고 감성을 자극하는 이야기들을 적절히 배분해 넣는다. 이때 1단계에서 조사했던 청중의 관심사와 공통점을 최대한 활용하는 것이 좋다.

마지막 마무리 파트에서는 지금까지 전개한 내용을 반복하고 강조해 적는다. 멋진 인용구 등을 활용해 여운을 남기는 것도 좋은 방법이다.

원고는 최대한 말하는 상황에 적합한 생동감 있는 문체로 작성하는 것이 좋다. 즉 누군가에게 읽히기 위한 것이 아닌 본인이 직접 말하기 위한 원고이므로 구어체로 쓰도록 하며, 중간마다 강조하고 싶거나 주의를 환기시켜야 할 부분에서는 본인이 알아볼 수 있도록 적절한 표시를 해둔다.

🌸 3단계 : 효과적인 연습하기

준비된 원고를 가지고 연습을 한다. 원고를 무조건 암기하기보다는 주제에 대해 충분히 생각하고 흡수한 후 내용을 간단히 요약하고 정리해 메모해 두는 것이 좋다. 억지로 달달 외워서 이야기하는 것보다는 핵심 내용을 체크하면서 현장 분위기에 맞게 살을 붙여 이야기하는 것이 훨씬 자유롭고 여유 있는 느낌을 준다. 물론 그렇다고 해서 모든 이야기들이 즉흥적인 것은 아니며, 충분한 연습과 리허설을 거친 능숙한 것이어야 한다.

그리고 이를 토대로 얼굴 표정과 시선, 몸의 움직임 등이 자연스러울 수 있도록 여러 번 연습을 거듭한다. 연습은 아무리 많이 해도 지나치지 않다. 다만 연습을 되풀이할 때에는 스스로 무엇을 개선해야 하는지, 어떤 점을 보완하면 좋을지에 대해 고민하는 과정이 필요하다. 연습은 서서 실제처럼 소리를 내면서,

소요되는 시간까지 체크하는 것이 좋다.

✿ 4단계 : 예측하고 대처하기

충분한 연습을 한 뒤라면, 그렇게 전개된 자신의 말하기가 어떤 효과를 거둘 것인지에 대해 생각해 본다. 즉 자신의 이야기를 들은 청중의 반응이 어떠할지를 예측해 보고, 이에 대한 대응 전략을 생각하는 것이다.

자신의 이야기 중 듣는 사람으로 하여금 의문을 품게 하거나 더 알고 싶다는 느낌을 줄 수 있을 것 같은 부분이 어딘지 생각해 보라. 사실적인 자료를 제시할 경우 1차적으로는 꼭 필요한 내용만 요약해 제시하되, 더 구체적인 내용에 대해 질문할 경우 추가적으로 보여줄 수 있는 것들을 준비하는 것이 좋다.

지루한 비즈니스맨들을 깨우는
황금 대화법

비즈니스를 위한 프레젠테이션이나 스피치에서 가장 중요시되는 것은 정보 전달력과 설득력, 신뢰감이다. 그러나 아이러니하게도 정작 그 이야기를 듣는 사람들에게 최대의 적은 다름 아닌 '지루함'이다.

인간이라면 누구나 딱딱한 이야기를 쉴 새 없이 늘어놓으면 지루함을 느낀다. 우리가 접하는 수많은 회의, 프레젠테이션, 설명회 등에서는 얼핏 보면 차이를 발견하기 어려울 정도로 비슷한 형태의 슬라이드, 표와 그래프, 재미있지 않은 그림이나 영상 자료들이 준비되어 있다.

모든 문장과 단어들은 최대한으로 정제되면서 지나치게 정중하고 사변적인 것들이며 발표자는 시종일관 똑같은 미소를 띠고 있을 뿐 결코 웃는 일이 없다. 물론 그의 억양, 목소리 톤 같은 것들도 마찬가지이다. 때문에 청중은 발표 내용 가운데

중요한 것을 캐치하고 이해하기 이전에 지루함에 몸서리치게
된다.

🌺 청중의 주의를 끄는 단어 사용하기

청중과의 교감을 원한다면 일단 그들의 주의를 사로잡아야 한
다. 그들이 관심을 가질 만한 이야기, 그들의 구미를 당기게 하
는 소재, 그들이 재미있어할 만한 이야깃거리를 찾아라.

경우에 따라 그들을 깜짝 놀라게 하거나 순간적으로 자극시
킬 수 있는 단어나 표현을 쓰는 것도 효과적일 수 있다. 지나치
게 경박한 것은 피하되, 일반적으로 프레젠테이션 슬라이드에
많이 쓰이며 연설문에서 지겹도록 반복적으로 사용하는 정중
하고 고리타분한 표현들에서는 조금 벗어날 필요가 있다.

특히 그 의미가 모호하고 추상적인 표현, 지나치게 전문적인
용어 등은 멀리하고 우리가 실생활에서 많이 쓰는, 피부에 와
닿는 단어를 전문적인 설명과 결부시켜 보자. 대체로 언제나 청
중의 관심을 유발할 수 있으리라 기대되는, 나만의 단어와 표현
리스트를 만들어 보는 것도 좋다. 그런 표현들을 능숙하게 사용

하며 이야기를 풀어갈 때, 어느새 청중의 눈과 귀는 당신을 향해 있을 것이다.

🌿 무례하지 않게 자극하기

일상생활에서 우리는 누구나 자극적이고 재미있는 이야깃거리를 즐긴다. 친구와 함께 그 날 아침 포털사이트 검색어 순위에 오른 가십거리에 대해 이야기하기도 하고, 술자리에서 재미삼아 아슬아슬한 농담을 주고받기도 한다.

그렇다고 해서 우리가 크게 윤리와 도덕의 범주를 벗어난 언행을 하는 것은 아니다. 자기도 모르게 일반적으로 통용되는 사람들의 기준에 익숙해져 있기 때문이다. 만약 그 적정 수준을 넘어서게 되면 어느 순간 점잖지 못한 사람으로 손가락질 받거나 홀로 고립될 것이다.

청중을 앞에 둔 스피치나 회의 및 토론 자리에서도 마찬가지이다. 많은 청중이나 참석자들이 지루함과 싸우고 있을 때, 모두의 귀를 자극할 수 있는 한마디 말의 위력은 실로 엄청나다.

종이 팔랑이는 소리, 헛기침 소리 외에는 의자 하나 끌어당기려 해도 눈치 보이는 그런 분위기에서 자유로운 토론이 가능하겠는가? "네, 다음 발표자 말씀해 주시기 바랍니다" "추가 질문 사항 있으시면 말씀해 주시기 바랍니다" "다음 표를 보시면 전력공급량과 4사분기 매출 간의 상관관계를 알 수 있습니다" 라는 말들을 통해 어떤 인간적인 교감을 느낄 수 있겠는가? 그런 말들이 서로 간에 아무런 차별성을 갖지 못하고 그저 흘러가는 말들로 여겨지는 순간, 즉 지루한 공기가 참석자들 사이에 가득 찼다는 느낌이 드는 순간, 그들의 귀를 신선하게 자극해줄 이야깃거리를 던져 보자. "공자 맹자보다 더 위에 있는 사람은 누굴까요? 웃자입니다. 그럼 석사 박사보다 더 센 사람은요? 밥사와 술사입니다." 아주 작은 자극에도 사람들의 경직된 안면 근육은 이완되기 시작할 것이다.

물론 사람들도 처음에는 어색한 나머지 쉽게 웃거나 반응하기 어려워할지도 모른다. 오히려 먼저 웃어버린 사람은 한층 더 위축되고, 서로 눈치만 보다 금세 웃음이 사그라지는 경우도 많다.

청중을 마음껏 웃게 하라. '아, 내가 웃어도 되는 자리구나'하고 안심하도록 최대한 편안한 분위기에서 유머를 활용하고, 자연스럽게 웃음을 유도하라. 각자가 그 웃음의 여운으로 미소를 띤 채 발표를 듣고 토론에 임하도록 유도해 보라. 딱딱하고 숨막히던 비즈니스 석상의 분위기가 한결 부드럽고 활발해지는 것을 느낄 수 있을 것이다.

🌿 거북한 이야기 역으로 활용하기

아이러니하게도 많은 사람들은 평소 자신이 짜증을 느끼고 싫어했던 일, 그런 대상에 대한 이야기를 듣고 싶어 한다. 좀 더 정확하게 말하면, 그런 것들을 누군가와 이야기하고 공유하기를 원하는 것이다.

즉 때로는 부정의 에너지가 효과를 거둔다. 사람들은 본능적으로 아름답고 즐거운 경험보다는 짜증나고 불쾌했던 경험에 대해 더욱 격한 공감을 표현한다.

짜증나고 불쾌했던 경험은 수없이 많이 찾아낼 수 있다. 사소하지만 반복적으로 우리를 괴롭히는 것, 어디 가서 이야기하기엔 치사하고 개선 방법을 찾기도 애매하지만 본인은 너무나 스트레스를 받는 문제들에 대해 이야기한다면 누구나 무릎을 탁치며 동조할 것이다. 특히 청중과의 교감에 가장 극적인 효과를 발휘하는 것은 누구나 쉬쉬하는 부끄럽거나 수치스러운 경험이다. "어젯밤에 제가 술이 취해서 남에 집에 들어 갔습니다. 저의 집은 3층인데 2층으로 들어간 겁니다. 깜짝 놀라서 깨어보니 꿈이었습니다."

물론 이러한 이야기는 어디까지나 정말 예민하고 건드려서는 안 되는 부분에서 안전하게 떨어져 있는 것이어야 한다. 앞에서 청중 분석의 중요성에 대해 언급한 바 있듯이, 청중의 성향에 따라 특정 이야기가 유난히 공격적으로 혹은 몰상식한 것으로 받아들여질 수 있기 때문이다. 이를테면 동물보호협회 회원들이 청중으로 참석한 자리에서 유머랍시고 동물을 희롱하거나 학대한 이야기를 한다면 아무도 웃지 않을 것이다.

실제 데이터 잘 활용하기

당신이 하는 이야기가 아무리 사실이고 진실이라 해도, 정확한 사실적 근거가 없다면 청중이 받아들이기 어렵다. 특히 말하는 사람에게 유리한 이야기일수록 사람들은 '정말 그럴까?' '말도 안 돼' 혹은 '그러시겠지'하는 식으로 생각해 버리기 쉽다.

이럴 경우 당신 이야기의 설득력이 떨어질 뿐 아니라, 청중의 집중력이 흐트러질 수 있다. 유머나 자극적인 이야기만큼 청중의 눈과 귀를 사로잡을 수 있는 것은 다름 아닌 '믿을 만한 사실'이다.

물론 이때 청중의 집중을 유도하기 위해서는 지루한 통계나 표, 그래프 같은 것들을 보여주는 것이 아니라 누구나 이해할 수 있는 한두 가지의 명쾌한 근거를 제시해야 한다. 사람들이 놀라움을 느끼거나 무릎을 탁 칠만한 흥미로운 사례가 있다면 더욱 좋다.

이를테면 어떤 브랜드의 가치에 대한 이야기를 할 때 그 브랜드 매출의 성장 정도와 전국 매장의 수를 그래프로 보여주는 것도 좋겠지만, 그것보다는 오히려 '어떤 배우가 영화제에서 수상을 할 때 특별히 그 브랜드의 옷을 주문해서 입었다'는 에피소드가 더욱 일반 청중의 마음을 끌 것이다. 또한 그 브랜드가 영화에 공식적으로 협찬을 하지 않음에도 불구하고 유명 배우들의 스타일리스트들이 선호하는 1순위 브랜드라는 것, 그래서 실제 영화에 출연한 비율이 가장 높으며 그 수치가 어떻게 되는지 등 흥미로운 일화와 구체적 수치가 접목된 근거를 제시한다면 효과는 극대화될 것이다.

🌸 시각적인 은유로 생각하게 하기

우리는 항상 청중이 '호기심'을 갖게 만들어야 한다. 앞서 청중의 흥미를 끌고 청중의 눈과 귀를 자극하라는 팁을 제시했지만, 진정으로 훌륭한 스피치란 그보다 한 발 더 나아가서, 청중 스스로가 자신이 듣고 본 정보에 대해 고민하고 판단하며 상상할 수 있도록 유도할 수 있는 것이어야 한다. 이때 가장 효과적인 방법 중 하나가 시각적인 은유를 활용하는 것이다.

어떤 정보를 전달할 때 그림만큼 명확하고 쉽게 상대를 이해시킬 수 있는 방법은 없기 때문에 수많은 발표자들이 시각 자료를 활용한다. 특히 요즘에는 프레젠테이션 슬라이드를 제작하는 툴이 매우 대중화되고 발달되어 있어 누구나 아주 쉽게 이미지 자료를 슬라이드에 삽입할 수 있다. 따라서 최근에는 시각자료를 적극적으로 활용하는 것이 보편적인 추세가 되었으며, 발표 내용과 조금만 상관관계가 있어도 청중에게 '많이 준비했다'는 인상을 주기 위해 삽입하는 경우도 많다.

그러나 이 때문에 시각자료의 범람 현상이 생겨난다. 때로는 한 자리에서 받아들이기에 너무나 많은 정보가 무분별하게 청중의 시각을 파고들기 때문에 오히려 이를 외면하는 이들이 생겨난다.

뿐만 아니라 안타깝게도 많은 프레젠테이션에서 제시되는 시각자료들은 오히려 청중의 상상력을 차단한다. 지나치게 진부하거나 표준화된, 혹은 수많은 예시 중 대표성을 띠지 못하는 몇 개의 이미지들이 나열되어 마치 전부인 양 다른 가능성을 차단하는 것이다.

때로는 발표자 스스로 자신이 소화하기에 지나치게 많은 양의 자료를 준비한 나머지 자신의 본분을 잊고 그 하나하나의 이미지를 설명하느라 진땀을 빼며 시간을 소진해 버리는 웃지 못할 일도 생긴다. 이런 경우는 시각자료가 없느니만 못한 과시적 그림이 될 뿐이다.

그림은 그 어떤 것보다도 '은유적'으로 사람들에게 뭔가를 전달하거나 설득할 수 있는 도구가 된다. 단순히 명료한 사실을 전달하고 시각적으로 자극하기 위함이 아니라 보는 사람으로 하여금 그것을 토대로 뭔가를 더 상상하고 생각해볼 수 있도록 한다면, 그 시각자료의 힘은 어마어마해질 것이다.

그러므로 그림을 고를 때 한 번 더 생각하자. 지나치게 뻔하고 진부한, 표준화된 그림은 최대한 생략하고 어떤 암시나 이야기를 담고 있는 그림을 선택하라. 사람들의 관심을 끌 수 있는 상징이나 유머를 담고 있다면 더 좋을 것이다.

프레젠테이션 도중 어떤 그림이 나오면 순간적으로 청중의 집중도는 향상된다. 아주 일시적일지라도 그들의 주의가 환기되며 활기를 띠는 것이다. 이때 그 효과를 최상으로 활용할 수 있도록 미리 그림의 선택에 신중을 기하도록 하자.

🌿 약간의 불량스러움을 매력으로

지금까지 했던 이야기 중 가장 반복적으로 강조했던 것은 바로, 당신의 목표가 청중과의 교감이라는 것이다.

그리고 교감에 대한 모든 논리는 동일하다. 청중과의 교감을 위해서는 동조화가 필요하고, 즉 우리의 생각이 그들의 생각과 크게 다르지 않다는 것을 보여줘야 한다. 그들과 같은 것에 기뻐하고 같은 것에 슬퍼하며, 아주 사소한 어떤 것에 짜증을 느낀다는 것, 그리고 때로는 말도 안 되는 작은 일에 몰두해 정말 중요한 것을 잊기도 한다는 것에 대해 공감할 필요가 있다.

이를 통해 우리는 결국 같은 가치를 추구하고 같은 삶의 방식을 영위한다는 것을 확인하고, 궁극에는 일체감을 느끼는 것이다. 이러한 공감대의 형성이 가능하다면, 이후 청중을 내 편으로 만들고 내 이야기에 집중시키는 일이 훨씬 쉬워진다.

우리의 일상이 재미있어지는 순간은 가장 사소하되 누구나 겪었을 만한 무언가를 소재로 이야깃거리를 만드는 때이다. 옛날부터 지금까지 유행하는 개그 프로그램들을 보면 그것을 확실히 알 수 있다. 개그맨들이 소재로 삼는 것들은 남녀 간의 소개팅, 일상 속의 사소한 건망증, 식당의 형편없는 서비스, 장난 전화 같은 것들이 아닌가.

이렇게 사소하고 일상적인 것들을 소재로 삼되, 약간의 불량스러움을 가미하라. 여기에서 불량스러움이란 누구나 공감할 수 있는 정도의, 모든 사람이 내면에 가지고 있는 – 물론 좀 과장된 표현이지만 – 악마성이다. 사람들은 누구나 '나만 그런 게 아니구나!'라는 것에서 기쁨과 반가움을 느낀다. 그리고 재미있어 한다.

당신이 일상 속에서 했던 아주 사소한 장난, 별 건 아니지만 스릴 있었던 규칙의 위반, 누군가에 대한 실수 같은 것들을 이야기로 활용해 보자. 그리고 장난스럽게 웃으면서 자연스럽게 당신이 하고자 하는 이야기의 주제로 넘어가 보자. 약간의 불량스러움이 인간적인 매력으로 둔갑하는 것을 느낄 수 있을 것이다.

그 예로 미국의 영화배우이자 감독이었던 찰리 채플린이나 가수 마이클 잭슨이 있었다면 우리나라엔 가수 싸이가 있다. 그 불량스러운(?) 시건방춤에 전 세계가 즐거워하고 수많은 리뷰를 하지 않았던가. 약간의 파격은 또 다른 즐거움이요 멋임을 알 수 있다.

말 수가 적고 친절한 것은 여성의 가장 좋은 장식이
다.

– 톨스토이

가장 헛되이 보낸 날은 웃지 않고 보낸 날이다.

– 커밍스

말하는 것은 좋으나 침묵은 더욱 좋다. 그러나 지나치
면 둘 다 나쁘다.

– H. F. 아미엘

그 누구와도 대화를
이어갈 수 있는
언어의 품격

그 누구와도
대화를 이어갈 수 있는
언어의 품격

2019년 5월 10일 제1판 1쇄 발행
2020년 8월 15일 제1판 2쇄 발행

지은이 / 민영욱 · 강정희 · 한강종
펴낸이 / 강선희
펴낸곳 / 가림출판사

등록 / 1992. 10. 6. 제 4-191호
주소 / 서울시 광진구 영화사로 83-1 영진빌딩 5층
대표전화 / 02)458-6451 팩스 / 02)458-6450
홈페이지 / www.galim.co.kr
이메일 / galim@galim.co.kr

값 15,000원

ISBN 978-89-7895-412-9 13320

이 도서의 국립중앙도서관 출판예정도서목록(CIP)은 서지정보유통지원시스템
홈페이지(http://seoji.nl.go.kr)와 국가자료종합목록시스템(http://www.nl.go.kr/
kolisnet)에서 이용하실 수 있습니다. (CIP제어번호 : CIP2019016260)

이 책은 ≪분노를 부르는 말 호감을 부르는 말≫을 제호 변경한 도서입니다.

한국스피치평생교육원

1 한국스피치평생교육원에서는 최신 SL 교육기법을 통해 대화기법, 유머기법, 연설, 발표, 강의기법, 면접기법 등을 익혀서 어떠한 상황과 장소에서도 당당하고 자신감 넘치는 스피커로 변화시켜 드립니다.

2 교육과정

전문교육과정

① 스피치 리더십 과정(초 · 중 · 고급) ⑥ 기업체 출장 교육 과정
② CEO 커뮤니케이션 과정 ⑦ 강사 트레이닝 과정
③ 선거연설 과정 ⑧ 이미지 메이킹 과정
④ 레크리에이션 과정 ⑨ 프레젠테이션 과정
⑤ 언어 클리닉 과정 ⑩ 면접토론 과정

3 개강 : **매월 초**

4 당 교육원 프로그램의 특징

수강생과 상담하여 각종 테스트를 거쳐 교육 과정에 배치
전문 강사의 개별 평가와 학습 지도 실시
최종 평가를 통해 수료증 발급
수료 후에도 리콜제 실시
각 단계마다 2~3개월 과정
개인지도도 실시
최고의 강사진, 체계적인 최신 SL 교육 실시
과학적이고 참신한 교육으로 스피치 능력 극대화

서울시 종로구 종로3가 123번지 고영빌딩 7층
문의전화 02) 737-3477 팩스 02-737-3478
홈페이지 speech365.kr | 이메일 speech365@hanmail.net